Las políticas de educación media en Bogotá: estudio comparativo Plan Cemdizob y EMF

LAS POLÍTICAS DE EDUCACIÓN MEDIA EN BOGOTÁ

Estudio comparativo del impacto en el acceso y permanencia de los egresados del Plan CEMDIZOB y la Educación Media Fortalecida en la educación superior

LAS POLÍTICAS DE EDUCACIÓN MEDIA EN BOGOTÁ

Estudio comparativo del impacto en el acceso y permanencia de los egresados del Plan CEMDIZOB y la Educación Media Fortalecida en la educación superior

Rodolfo Martínez Bueno

2016

Martínez, Rodolfo

LAS POLÍTICAS DE EDUCACIÓN MEDIA EN BOGOTÁ, estudio comparativo del impacto en el acceso y permanencia de los egresados del plan cemdizob y la educación media fortalecida en la educación superior, 2016.

106 p: 14x21 cms

ISBN

Educación – Política pública – Educación media – Articulación – Universidad – Acceso a la educación superior

Impreso por Autores Editores SAS

Impreso en Colombia – Printed in Colombia

A mi amada esposa y adorado hijo….

Contenido

Prólogo

En el marco del plan sectorial 2012 – 2016, la idea de escribir un libro en torno a política pública educativa en Bogotá, surge como consecuencia de un ejercicio de investigación en torno a la educación media fortalecida y sus efectos en una institución educativa del sur de la ciudad. En ese sentido, este tipo de trabajos adquieren relevancia desde el punto de vista de análisis del impacto de una política pública que ha sido fomentada desde la propia administración capitalina, teniendo como referente la garantía de los derechos a los estudiantes de la ciudad.

Pese a que Bogotá ha experimentado cambios en ésta materia desde 1998, la educación media fortalecida se constituyó en un punto de la agenda pública del gobierno de Gustavo Petro entre 2012 y 2016, generando una serie de procesos administrativos, financieros y logísticos a nivel central y en cada uno de los colegios donde se llevó a cabo el pilotaje. Los recursos dispuestos para tal fin fueron enormes frente a la inversión realizada en anteriores administraciones; este hecho ya por sí mismo es relevante para efectos de análisis; dejando en claro que el tema educativo era importante y debía mirarse desde todos los ángulos posibles.

Este libro pretende analizar el impacto de dos políticas educativas interesantes, por un lado, se encuentra el Plan CEMDIZOB que se circunscribió a un área geográfica definida: el sector suroriental de la Localidad San Cristóbal en el período comprendido entre 1980 y 2002, por el otro, está la educación media fortalecida (EMF), impulsada por la administración del alcalde Gustavo Petro entre 2012 y 2016, en cuya formulación se tuvo en cuenta las políticas anteriores, dando cabida a una reflexión interesante en torno a las metas de la educación media.

Este impacto se analiza desde el acceso y permanencia de los bachilleres que egresaron tanto de una como de otra política, como indicador de eficacia de la política, ya que en palabras de Roth (2013) "la evaluación entendida como una práctica seria de argumentación basada en una información pertinente, permite precisamente opinar de manera más acertada, con menos subjetividad, acerca de los efectos de las acciones políticas" (p. 135), por tal razón es importante el uso de los datos y las historias de vida, los cuales constituyen la esencia del presente trabajo como insumo de análisis y posterior evaluación de las políticas.

Por otro lado, el libro pretende hacer un pequeño tributo al Plan Cemdizob, el cual se menciona en cientos de trabajos de investigación de maestría, pregrado y doctorado de muchas facultades de educación, sin embargo, no se ha realizado un análisis detallado de sus características desde las historias de vida de quienes fueron sus destinatarios, de cuya experiencia la administración actual podría aprender para implementar políticas públicas menos costosas y de mayor pertinencia en la ciudad. Cada vez se gradúan más bachilleres, pero su capacidad y posibilidad de acceder a la educación superior de calidad es menor, la separación entre colegios con clasificación A frente a los de C es abismal y la formación técnica aún es vista como una opción en caso de no ingresar a la formación profesional, lo cual deja de lado muchas

2

posibilidades de cualificación interesantes que producen valor agregado a la innovación y permite el desarrollo empresarial.

Teniendo en cuenta lo anterior, examinar los logros del Plan Cemdizob frente a los de la EMF, constituye un ejercicio que invita a la reflexión y posterior análisis de posibilidades de política para una ciudad que no ha temido llevar a cabo iniciativas de agenda pública para la educación media. En ese sentido, se precisan más trabajos acerca del tema a partir de resultados de investigación que tengan en cuenta los principales actores: ejecutores y destinatarios de las políticas, porque los documentos oficiales entregan información que respalda la administración de turno o sólo hablan de cifras de cobertura y rubros de diversa índole.

Ahora bien, en cuanto la estructura del libro se ha pensado en cuatro partes que en primera instancia bosquejan las políticas públicas en torno a la educación media en la ciudad para luego pasar al análisis del Plan Cemdizob y la EMF, todo lo cual lleva a plantear posibilidades de política educativa a partir del contexto actual que, pese al cambio de la agenda pública de la administración de Enrique Peñalosa Londoño; quien tiene como prioridad el desarrollo urbano; conlleva aún una preocupación frente al aumento de bachilleres, una alta tasa de natalidad, constante desempleo y una preparación mediocre en los colegios oficiales que se traduce en poco acceso a la educación superior al igual que desmotivación por parte de los jóvenes frente a su formación.

Junio de 2016, el autor.

INTRODUCCIÓN

La educación media es un tramo formativo que se ha estudiado en los últimos veinte años por sociólogos, educadores, administradores públicos y politólogos en diversas universidades tanto en pregrado como en posgrado. Particularmente entre 2011 y 2015 los trabajos en torno al tema han aumentado debido a las experiencias que han tenido las instituciones educativas tanto del nivel medio como las de superior, igualmente las polémicas que han despertado los programas de *"Ser Pilo Paga"* y el *proyecto de inmersión* [1] que estaba dentro de la Educación Media Fortalecida, ya que muchos de los estudiantes de colegios oficiales que cursaron el primer semestre no continuaron sus estudios debido a los costos de matrícula.

En este orden de ideas, la investigación llevada a cabo por el IDEP y publicada en 2013 con el título Estudios sobre Educación Media en Bogotá: experiencias sobre articulación y emprendimiento escolar, resulta ser un referente importante para el presente trabajo. Igualmente, las investigaciones realizadas por Víctor Manuel Gómez, Claudia Milena Díaz y Rosa Adelina Rodríguez aportan en cuanto el análisis de los procesos de implementación de la política pública de articulación teniendo en cuenta aspectos tales como: la cultura científica en los currículos, efectos de la política en los estudiantes, ausencia de una oferta formativa para la creciente población escolar en este tramo educativo y el carácter intelectualista - academicista de la educación media.

---

[1] Es una estrategia que se implementó en los convenios que se realizaron en el marco del pacto social por la educación media y superior de 2013 en el cual un grupo de estudiantes de grado once cursaban el primer semestre de cualquier carrera en la universidad que acompañaba al colegio en la EMF.

A este último aspecto, cabe añadir que la formación técnica en el país aún es vista como opcional en caso de no ingresar a la formación profesional, lo cual no deja ver las posibilidades que ofrecen los programas de éste nivel para los bachilleres de colegios oficiales. En este sentido, y siguiendo a (Gómez, Sánchez, Cadavid, & Urrego, 2004) hay interrogantes que se deben responder en torno a la educación media:

¿Qué tipo de Educación Media ofrecer?, ¿Cuál es el tipo de formación de mayor pertinencia para los jóvenes, tanto para los pocos que acceden al nivel superior como para la mayoría que requiere formación laboral?, ¿Cómo integrar la educación general y la calificación ocupacional?, ¿Cómo articular y complementar, los niveles medio y superior?, ¿Cómo fomentar y estimular, la necesaria oferta de formación laboral para la mayoría de egresados del nivel medio? (p.13).

Teniendo en cuenta lo anterior, este libro gira en torno a las posibilidades que puede darse para la formulación de una política que tenga en cuenta las dos primeras preguntas planteadas en tan interesante investigación. Por ello, el presente trabajo está estructurado en cuatro partes, como mecanismo de análisis que permita plantear posibilidades de política pública para la educación media en la ciudad de Bogotá, al igual que permita al lector plantearse algunas reflexiones en torno a las experiencias tanto del plan Cemdizob como de la Educación Media Fortalecida.

La primera parte hace un bosquejo histórico de las políticas de educación media en Bogotá y enfatiza en el período 1998 – 2016, debido a la puesta en la agenda pública de temas relacionados con ella, a saber: cobertura, calidad, garantía de derechos y articulación; lo cual permite hacer algunas reflexiones y conclusiones preliminares en torno a la interacción entre sistema educativo y sistema productivo; lo cual es una consecuencia de la incidencia del modelo neoliberal adoptado desde 1990 por los gobiernos colombianos; y que se ha tenido en cuenta en la formulación de la política educativa.

La segunda y tercera partes caracteriza tanto el plan Cemdizob como la EMF haciendo énfasis en el impacto en cuanto acceso y permanencia de los egresados en la educación superior. Lo anterior, encamina hacia la cuarta parte, cuyas líneas están destinadas a comprender las divergencias y convergencias de éstas políticas que a manera de insumo permiten plantear posibilidades para la formulación de una política de educación media que responda a las necesidades de las nuevas generaciones de bachilleres que requieren una formación postsecundaria acorde con sus intereses y los desafíos del sistema productivo local y global.

Una vez abordado lo anterior, finalmente se plantean algunas conclusiones que invitan a la reflexión y pretende generar nuevos trabajos por parte de educadores, directivos y asesores pedagógicos interesados en investigar sobre éste tramo formativo tan importante para el desarrollo de un país, entendiendo éste concepto como el conjunto de acciones que permiten el aprovechamiento del talento del recurso humano quien comprende y respeta las interrelaciones del medio ambiente, los límites de la producción capitalista y la innovación basada en las directrices de la economía azul propuesta por la fabulosa mente del belga Gunter Pauli, que en un país como Colombia tendría todas las posibilidades para que el sistema educativo sea capaz de asumir su propia realidad y no copiar modelos que ya todos sabemos que son inviables en éste país.

PRIMERA PARTE

Bogotá ha sido pionera en varias políticas de educación media que se han trasladado a nivel nacional, exceptuando Medellín, las iniciativas de la capital colombiana son interesantes en cuanto alcances e impacto en la población beneficiaria.

Los rubros invertidos, el aumento de cobertura, la construcción de infraestructura, la formación avanzada para docentes y demás estrategias constituyen una serie de temas de interés en cuanto política pública. Por ésta razón, las siguientes líneas mostrarán la evolución de las políticas públicas en la capital del país en torno a la educación media, particularizando el período 1998 – 2016, en el cual, la formulación tuvo en cuenta diversos aspectos que en anteriores administraciones no tuvieron lugar, comenzando por uno de los más importantes: la cobertura. Al finalizar la primera parte, se plantearán algunos elementos claves acerca de la relación entre sistema educativo y sistema productivo, que enmarca las políticas públicas llevadas a cabo en la ciudad.

LAS POLÍTICAS DE EDUCACIÓN MEDIA EN BOGOTÁ

Comprender las políticas de educación media en la capital colombiana no sería posible sin el marco histórico del país. Pasar de una estructura colonial a una republicana significó iniciar cambios en el sistema educativo del naciente país para responder a las nuevas directrices de la economía mundial que se estaban consolidando bajo la batuta de Inglaterra; cuyos gobernantes pretendían posicionarla como una potencia mundial, liderando el comercio y la industria. En ese sentido, las antiguas colonias españolas contaron con el apoyo inglés para todo el proceso independentista, lo cual representó un costo histórico para las nacientes repúblicas latinoamericanas, entre ellas Colombia.

Contexto histórico

La educación elitista impartida por los españoles a lo largo de tres siglos cuyo principal fin fue la evangelización y la formación de hombres de fe con principios católicos incuestionables, dejó grandes preocupaciones para los nuevos gobernantes una vez se produjo la separación de la metrópoli, ya que había carencia de ingenieros, técnicos, científicos y mentes que estudiaran las ciencias exactas y biológicas, a lo cual, el modelo *lancasteriano* [2] se adoptó para formar maestros que educaran a los nuevos ciudadanos de un país por construir.

---

[2] Este método de instrucción fue diseñado por Joseph Lancaster en Inglaterra que buscaba atender al mayor número posible de estudiantes con la menor cantidad de maestros posible, como mecanismo de difusión del sistema de educación pública.

Este esfuerzo gubernamental se evidencia en el aumento de escuelas públicas y privadas al igual que alumnos atendidos; entre 1833 y 1836 se pasó de 10.499 alumnos a 26.070 y se pasó de 378 escuelas a 1000 (Patiño, 2011) al finalizar el gobierno de Santander. Si hacemos la relación entre población total y población escolar, el alcance no era aún muy alto en términos de cobertura. Veamos el siguiente gráfico.

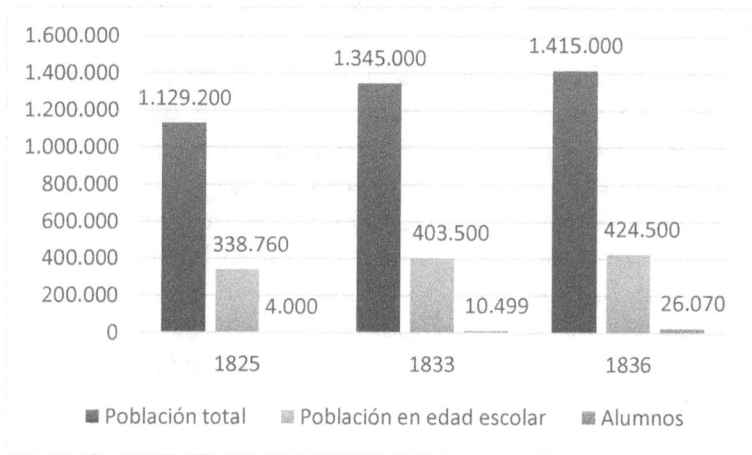

Gráfico 1: Relación demográfica entre población total y población escolar matriculada 1833 – 1836. Fuente: elaboración del autor con datos del DANE, 2012.

Las cifras anteriores nos ilustran acerca del alcance del sistema educativo para la población en edad escolar que en ése período habitaba el país. Los porcentajes son muy bajos: en 1825 de 338.760 potenciales alumnos tan sólo el 1,18% iba a una escuela, en 1833 de 403.500 solamente el 2,60% lo hacía y en 1836 de 424.500 el 6,14% asistía a un centro educativo. La mayor parte de ésos porcentajes estaban concentrados en las principales ciudades como Santa fe, Medellín, Popayán, Pamplona, Cartagena, Tunja y Mompós. Lo anterior, permite afirmar que la cobertura y el tipo de formación representaban un serio problema para los desafíos que tenía la Nueva Granada en cuanto la consolidación de un sistema de gobierno democrático, un sistema productivo que permitiera la explotación adecuada de los recursos con los que contaba el territorio nacional y la construcción de una identidad nacional en un rompecabezas regional propiciado por una geografía accidentada y una transición de una sociedad colonial a una republicana basada en los principios de la Revolución Francesa de 1789.

En ese sentido, la primera política sólida en el ámbito educativo se llevó a cabo durante el gobierno de Pedro Alcántara Herrán a través de la gestión de su ministro del Interior Mariano Ospina Rodríguez, cuyo principal resultado fue la promulgación en 1844 del Código de instrucción Pública, el cual legitimaba la intervención del Estado en la educación pública y privada, aunque se respetaba la libertad de organizar establecimientos privados por parte de los ciudadanos y la libertad para enviar a los niños a la escuela preferida por los padres o acudientes (Patiño, 2011).

Posteriormente, durante las reformas de los gobiernos radicales, el debate entre tradición y progreso influyó en la manera de ver la formación, que en últimas priorizó las ciencias y la educación de maestros a través de normales superiores en todo el país.

Una vez se terminaron las guerras civiles que enfrentaron a liberales y conservadores a finales del siglo XIX, el denominado período de la Regeneración trajo consigo reformas claves que influyeron en las políticas de educación media de inicios del siglo XX en el país y por consiguiente en Bogotá. Tales reformas buscaron devolver el control de la educación a la Iglesia Católica, ello fue tan importante que el Arzobispo de Bogotá fue designado para seleccionar los libros y publicaciones que servían a la educación y que no atentaban contra la moral y el dogma católico.

En este contexto, aparece la Ley Orgánica de Educación de 1903, que organiza el sistema educativo en tres niveles: educación primaria, educación secundaria y educación profesional, particularmente la educación secundaria se subdividió en técnica y clásica, en las cuales, por un lado, se privilegiaba la formación en filosofía y letras y por el otro, en idiomas y conocimientos previos a la formación profesional.

Desde este año hasta 1970, el acceso a la educación seguía siendo muy baja por parte de la población colombiana. Las clases altas tenían a su disposición desde kindergarten hasta universidades; tal es el caso del Gimnasio Moderno, fundado por Agustín Nieto Caballero, bajo los principios de la Escuela Nueva que ofrecía una formación para las élites más allá del modelo eclesiástico contemplado en la Constitución de 1886; el resto de la población estaba excluido del sistema educativo hasta que el sistema productivo comenzó a necesitar mano de obra con nociones básicas de aritmética, lectura, escritura y formación en valores. Sin la industrialización en las grandes ciudades no hubiera sido posible la masificación de la educación pública en éste país.

De esta manera, aparecen las experiencias de los INEM, los ITIs, los ITAs a nivel nacional y en Bogotá, los CEDIDs y CEDITs, todo lo cual en su conjunto se constituyó en una estrategia para formar los futuros obreros de la incipiente industria, el sector de servicios y el comercio. A este respecto y de acuerdo con Gómez et al., (2004), faltan investigaciones detalladas sobre las historias de vida, currículos y procesos de implementación de éste tipo de instituciones educativas, ya que fueron exitosas en cuanto al aporte formativo de toda una generación de emprendedores y personal técnico de primera generación para un país que lo necesitaba.

Antes de la Ley 115 de 1994, Bogotá tuvo experiencias de formación en educación media interesantes, entre las que  aparece el Plan Cemdizob, los institutos técnicos industriales, comerciales, INEMs y las instituciones que combinaban la formación académica con la formación laboral. De acuerdo a Gómez et al., (2004), dicha ley trajo de vuelta ésa distinción entre las modalidades técnica y académica que apareció de manera incipiente en 1903 en la Ley Orgánica de Educación. Esta división no es clara en el sentido de que el término *no académico* no tiene una definición clara y predomina el carácter académico en la formación secundaria y media. Este último aspecto es importante tenerlo en cuenta ya que se trata en el análisis de la cuarta parte.

En este orden de ideas, en la siguiente página se presenta la siguiente figura para ilustrar la comparación entre la Ley Orgánica de Educación de 1903 y la Ley General de Educación de 1994 en lo referente a educación media como mecanismo de contextualización histórica que apoya la tesis de Gómez et al., (2004) al afirmar que la tradición academicista no ha permitido desarrollar programas adecuados de formación para el trabajo, lo cual, en Bogotá dio un giro a partir del año 1998 en los diversos planes sectoriales al incorporar estrategias de articulación entre instituciones de educación superior y colegios, particularmente oficiales.

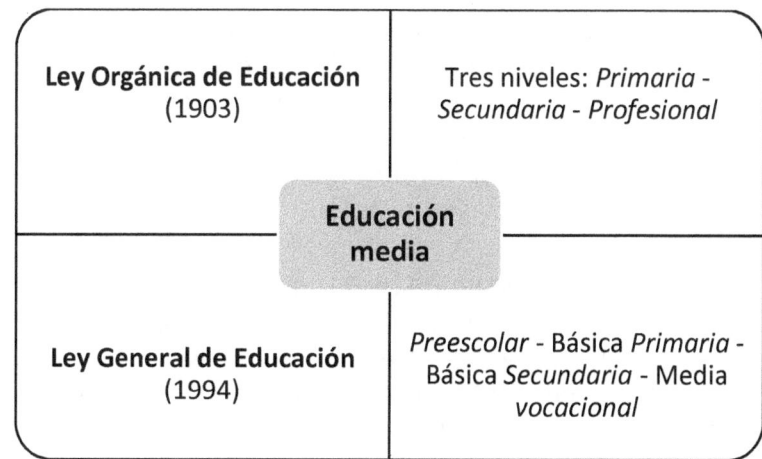

Ley Orgánica de Educación (1903)	Tres niveles: *Primaria - Secundaria - Profesional*
Educación media	
Ley General de Educación (1994)	*Preescolar* - Básica *Primaria* - Básica *Secundaria* - Media *vocacional*

Figura 1: Comparación entre la ley de educación de 1903 y la ley general de 1994. Fuente: Elaboración del autor.

La tesis se evidencia en la figura, en el sentido de las semejanzas en la formulación de las leyes de educación, en ambas se contemplan dos modalidades para la formación secundaria en 1903 y para la educación media en 1994. Gran parte de las instituciones educativas optaron por la modalidad académica, cuyos títulos perdían cada vez más valor en la inserción laboral. Entre 1994 y 2002 los proyectos educativos institucionales no respondían a las necesidades formativas y encontraron su mayor referente en los resultados de sus egresados en las pruebas Icfes, lo cual años después se convirtió en el más importante indicador de calidad de la educación a nivel nacional, incluso se relacionan las pruebas en el Decreto 1290 de 2009 y actualmente es un indicador que aporta al Índice Sintético de Calidad Educativa (ISCE); sin embargo, ¿qué hay de la formación técnica?, ¿qué tipo de intereses tienen los estudiantes durante su formación secundaria?, ¿qué sucede con aquellos estudiantes que no desean seguir estudios universitarios?. Estas preguntas reflejan una situación social que vive la ciudad actualmente y que en las recientes políticas se contempla en aras de facilitar el ingreso de más bachilleres en la educación superior, pese a todo, los resultados en la Prueba Saber 11° siguen siendo bajos en los egresados de los colegios oficiales.

A continuación, se dará a conocer el período 1998 – 2016, en el cual se formularon, ejecutaron e implementaron las políticas más ambiciosas respecto a las décadas anteriores. En efecto es importante tener en cuenta que el concepto de educación media se define en la Ley 115 de 1994 con las modalidades presentadas anteriormente.

Para analizar ése período de tiempo se tendrá en cuenta algunas precisiones aportadas por Roth (2013) en cuanto al ciclo de las políticas, como se ve en la siguiente figura.

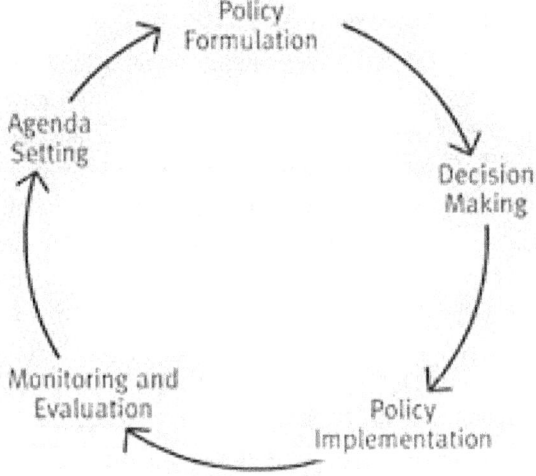

Figura 2:Ciclo de política pública. Fuente: Roth (2013)

De acuerdo a Roth (2013), el ciclo de la política permite su evaluación, y es justo en ése punto en el cual se generan nuevas políticas. En el presente trabajo el *policy cycle* es importante para tratar el Plan Cemdizob y la EMF. En ese sentido, el ciclo comienza con la formulación de la política que una vez insertada en la agenda pública se plantea la decisión que lleva a la implementación, lo cual genera un impacto y resultados frente a los objetivos propuestos y allí hay una pequeña fase de retroalimentación que genera o complementa una nueva política. Particularmente la educación media fortalecida tuvo ésa transición reconociendo el impacto y aspectos faltantes de las políticas anteriores, tal como la misma Secretaría de Educación (2014) lo planteó: fue un construir sobre lo construido.

Política pública de la educación media 1998 – 2016

Pese a que el plan Cemdizob estaba vigente desde 1980 y ya tenía resultados en términos de egresados que cursaban o culminaban carreras profesionales en universidades de excelente calidad académica en el país y fuera de éste, no fue reconocido como una política pública; a lo cual se precisa hacer investigación; tal como si se reconocieron la articulación, la educación media especializada y por consiguiente la EMF, porque estaban en la agenda de los gobiernos distritales que las impulsaron.

En este orden de ideas, el siguiente apartado tratará ésas políticas públicas teniendo en cuenta aspectos demográficos, sociales, económicos y políticos que estaban interactuando en la ciudad, los cuales propiciaron una mayor preocupación por el tema educativo. En ese contexto aparecen elementos claves como son: cobertura, calidad, garantía del derecho a la educación y articulación entre la educación media y superior.

Al finalizar la década de los noventa, la capital del país seguía creciendo desde el punto de vista demográfico y económico. El desplazamiento forzado generó grandes contingentes de campesinos que arribaban continuamente buscando trabajo y vivienda, lo cual trajo efectos de pobreza, falta de oportunidades y un creciente cinturón suburbano en localidades tales como Bosa, Usme, San Cristóbal, Tunjuelito y Suba. A continuación, veamos algunos datos de evolución demográfica que ilustran ésta tendencia.

Para entender las políticas sobre educación media se precisa tener en cuenta el contexto político, el demográfico y el económico que se estaban dando en la ciudad como marco para la formulación de éstas.

Contexto político: Bogotá entre 1998 y 2016 experimentó una administración pública sin precedentes, a lo largo de diez años arribaron al Palacio Liévano gobiernos de tendencia izquierdista, los cuales priorizaron la inversión social y educativa como mecanismo de minimización de la pobreza, mayor acceso a la educación superior, participación de las comunidades en el presupuesto distrital y llevaron a cabo programas y proyectos únicos que pese a las críticas del establishment, han tenido un impacto importante en los habitantes menos desfavorecidos de la capital del país.

Para 1998 llega a la alcaldía Enrique Peñalosa Londoño cuya tendencia urbanística se evidenció en la enorme inversión en infraestructura que trajo consigo la inauguración del sistema Transmilenio y obra de ornato público. En cuanto lo educativo, el problema de cobertura se tuvo en cuenta en el

16

plan sectorial. Posterior a éste gobierno, Antanas Mockus vuelve a ser elegido y asume el cargo entre 2001 y 2004.

Los gobiernos de tendencia izquierdista comienzan con la llegada de Luis Eduardo Garzón del Partido Polo Democrático en 2004, seguido por Samuel Moreno Rojas entre 2008 y 2011, culminando éste período con Gustavo Petro Urrego entre 2012 y 2015. Cabe anotar que es curioso que Enrique Peñalosa Londoño haya sido el precursor y sucesor de éste período izquierdista en Bogotá.

La particularidad de ésta tendencia en la ciudad contrasta con la tendencia derechista del resto del país, ya que entre 2002 y 2010 las urnas eligieron a Álvaro Uribe Vélez y posteriormente el electorado se inclinó por Juan Manuel Santos Calderón para el período 2010 – 2018. Esta dicotomía política, propicia un contraste entre las directrices del gobierno distrital frente al nacional, y, en el ámbito educativo, las políticas de la secretaría distrital difirieron de las del Ministerio de Educación Nacional, como lo fue el programa del currículo para la excelencia académica 40x40, el cual trajo desafíos administrativos, jurídicos y presupuestales.

Contexto demográfico: entre 1995 y 2015 la capital colombiana ha experimentado un crecimiento de más del 26% por factores tales como desplazamiento forzado y la llegada masiva de familias en busca de trabajo. Las masacres propiciadas por grupos paramilitares en la década de los noventa generaron enormes contingentes de personas que buscaban refugio, y su opción principal fue Bogotá. Esta tendencia de crecimiento se refleja en los rostros de los actuales habitantes de la ciudad con una mezcla de etnias, culturas regionales y una tasa de natalidad aún elevada en barrios populares con población caribeña y afrodescendiente. Veamos algunas cifras que dan cuenta de éste fenómeno.

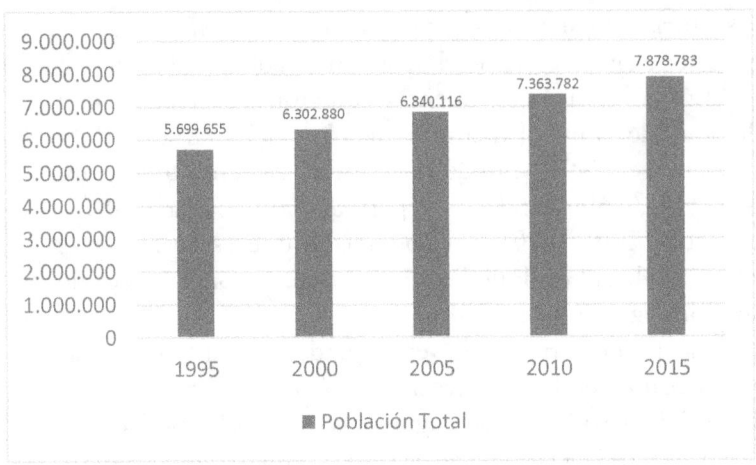

Gráfico 2: Crecimiento demográfico de Bogotá 1995 - 2015. Fuente: DANE (2016)

Entre 1995 y 2015 la población capitalina pasó de 5.699.655 habitantes a 7.878.783 habitantes, lo cual es un crecimiento de 2.179.128 de personas en veinte años. Las localidades con mayor crecimiento son Suba, Bosa, Usme y Engativá.

Tal crecimiento también influye en el sistema educativo, ya que la demanda de cupos en los colegios ha aumentado, pero los ingresos de las familias no han aumentado en veinte años, lo cual trajo consigo la necesidad de ampliar la cobertura de la infraestructura de los colegios oficiales. Entre 2004 y 2016 el aumento de la oferta de cupos en los colegios oficiales generó una crisis en los colegios privados de sectores populares, porque las familias pudieron acceder al esquema de gratuidad que la secretaría de educación distrital garantizaba, igualmente los colegios ofrecían comedor escolar, transporte y subsidios de diverso tipo, todo lo cual resultó atractivo frente a la oferta del sector privado que exigía pensiones, matrícula y otros costos asociados. Además de lo anterior, la enorme inversión en programas de jornada extendida y la articulación representó una oportunidad sin precedentes para los jóvenes pertenecientes a los estratos 1 y 2.

Contexto económico: este aspecto se precisa analizar desde los ingresos percibidos por las familias a lo largo de veinte años. Para ello acompañamos éste breve contexto con algunas cifras y un mapa actual de Bogotá señalando ingresos promedio por localidad.

Gráfico 3: Ingresos promedio de las familias bogotanas 1995 - 2015. Fuente: elaboración del autor basada en datos de www.gerencie.com

Los ingresos de las unidades familiares en la capital del país son más altos respecto al promedio nacional, lo cual refleja el dinamismo de la economía bogotana en los últimos veinte años, ya que ha habido un aumento de las empresas cuya sede se encuentra en las franjas industriales de la ciudad, por otro lado los emprendimientos han crecido significativamente y las unidades productivas de tipo formal e informal proveen empleos de diverso tipo, lo cual atrae a personas de otras regiones con menores ingresos, como es el caso de los departamentos del Caribe y la costa pacífica. Con excepción de Medellín y el Valle de Aburrá, Bogotá cuenta con un crecimiento económico constante que se refleja en los ingresos de cada familia, ya que pese al desempleo hay subsidios que resultan eficaces para incentivar el consumo en los estratos más bajos.

A continuación, se da a conocer la distribución de ingresos actuales en la ciudad, donde las áreas con mayor densidad de color muestran mayor nivel adquisitivo frente al promedio distrital y las de menor densidad muestran lo contrario. La base de análisis es de $2.852.385 como promedio distrital.

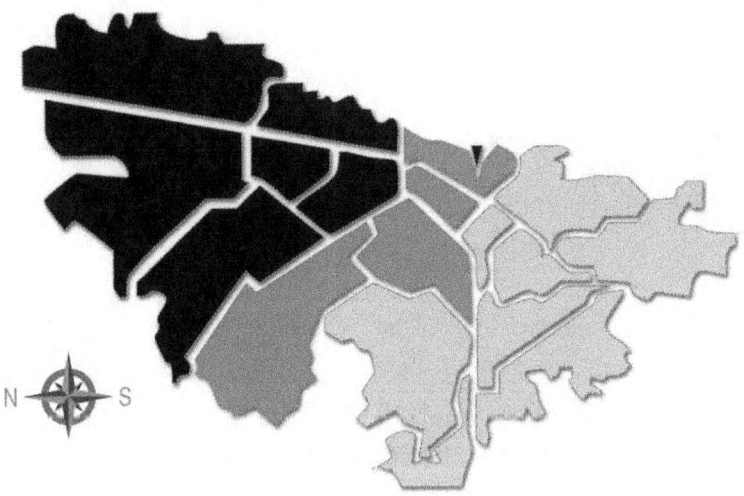

Figura 3: Distribución de ingresos por localidad en Bogotá 2016. Fuente: elaboración del autor con datos del DANE (2016)

Las localidades que muestran mayor poder adquisitivo se encuentran en la zona norte, mientras que aquellas que están por debajo del promedio se encuentran en la zona sur y suroriental. Usaquén, Suba y Chapinero tienen unidades familiares que logran ingresos mensuales superiores a $ 12.000.000, por el contrario, en Usme, Ciudad Bolívar y Bosa hay unidades familiares que tienen ingresos de $550.000 mensuales (DNP, 2016), indicando una desigualdad abismal que influye en el índice de consumo, índice de ahorro y acceso a servicios públicos.

En este orden de ideas, a continuación, se darán a conocer los planes sectoriales que dieron cabida a las políticas de educación media más interesantes del Distrito.

Plan sectorial 1998 – 2001 "La Bogotá que queremos" (administración de Enrique Peñalosa Londoño): siguiendo a Lugo (2013), la base fundamental es el cumplimiento de las propuestas de la Declaración Mundial sobre Educación para Todos (UNESCO, 1990), sobre las necesidades básicas de aprendizaje como un concepto fundamental entendido como las herramientas esenciales para el aprendizaje, los contenidos básicos de aprendizaje necesarios para que los seres humanos puedan sobrevivir, desarrollar plenamente sus capacidades, vivir y trabajar con dignidad, participar plenamente en el desarrollo, mejorar la calidad de su vida, tomar decisiones fundamentadas y continuar aprendiendo. Bajo éste precepto la política de educación media tuvo como objetivo ampliar las oportunidades de acceso de los egresados de la básica a una educación media de calidad, que los prepare para la toma de decisiones sobre su futuro académico laboral y siente las bases para un exitoso en estos campos (Secretaría de Educación Distrital, 2001).

Plan sectorial 2001 – 2004 "Bogotá para vivir todos del mismo lado" (administración de Antanas Mockus Sivickas): partiendo del análisis de los resultados de las políticas implementadas en la administración anterior, con relación a la eficiencia y eficacia de la educación media, se determina que el problema no está en la oferta de cupos, sino en que los jóvenes más pobres no logran entrar a la educación superior, por las deficiencias de la formación recibida en la educación básica y por la falta de recursos para pagarla. Por lo que la política educativa se debe encaminar, además de otros aspectos, al desarrollo de competencias laborales (Op. Cit., 2013).

La política llevada a cabo se denominó como articulación con la participación del SENA y la Universidad Distrital Francisco José de Caldas en convenio con la Secretaría de Educación del Distrito.

Plan sectorial 2004 – 2008 "Bogotá una gran escuela" (administración de Luis Eduardo Garzón): Durante éste período se sentaron las bases definitivas del proceso de articulación al realizar las primeras alianzas estratégicas entre colegios denominados prototipo con I.E.S., que se consolidaron en la firma de convenios con el SENA, la Universidad Distrital Francisco José de Caldas y otro grupo de IES que han venido desarrollando la propuesta, que en esencia plantea que la formación superior podrá iniciarla el estudiante desde la educación media, si lo desea, por medio de la realización de cursos que al terminar les generan una certificación de aptitud profesional (C.A.P.), para el caso del SENA.

Plan sectorial 2008 – 2012 "Educación de calidad para una Bogotá positiva" (administración de Samuel Moreno Rojas): Se desarrollaron unas políticas reflejadas en planes estratégicos y proyectos que estructuraron y definieron una serie de categorizaciones con mayor rigor como: Pertinencia, Desarrollo Humano, Equidad, Calidad, Cultura para el trabajo y otras que deben regir la formación de los estudiantes en educación media y en el proceso educativo ahora organizado por ciclos lectivos (S.E.D., 2009).

Plan sectorial 2012 – 2016 "Bogotá Humana" (administración de Gustavo Petro Urrego): se buscó ampliar el programa de articulación al garantizar una oferta diversa en seis áreas del conocimiento, donde los estudiantes de educación media  tuvieran la posibilidad de elegir entre dos o más opciones de formación y cuyos saberes fueran reconocidos y/o homologados en la educación superior. Este proceso, que hasta ése momento tuvo dos nombres: *articulación* y *educación media especializada* (EME), pasa a denominarse educación media fortalecida, que recoge los colegios que vienen trabajando de las dos formas, consolidada en el pacto por la educación, la cual continua con las transformaciones curriculares, institucionales y administrativas de la Educación Media.

El pacto social por la educación media y superior de 2013, consistió en fortalecer los acuerdos establecidos en administraciones anteriores y contar con un mayor número de IES con acreditación de alta calidad académica en convenio con la SED, la cual enfatiza que lo esencial debe ser la revisión y fortalecimiento pedagógico y curricular de la educación media, así como el reconocimiento de créditos académicos homologables en la educación superior que hagan atractiva la propuesta para los estudiantes y sus familias mediante la consolidación de una oferta diversa, electiva y homologable

con la educación superior que promueva la continuidad de los estudiantes en este nivel educativo, para generar en los estudiantes mayores oportunidades en el mundo socio – productivo. La transformación de la educación media persigue, en su concepción, organización y operación, la superación de las limitaciones, debilidades de la educación media actual y sus problemas de calidad y pertinencia (S.E.D., Proyecto 891, 2012).

En la siguiente tabla, se muestran los principales aspectos que tienen las políticas públicas formuladas e implementadas entre 1998 y 2016, que a manera de síntesis nos permite realizar un ejercicio de correlación entre sistema productivo y sistema educativo.

Tabla 1: Aspectos importantes de las políticas públicas 1998 - 2016.

Cobertura y Eficiencia de la educación media 1999 - 2002	Articulación con IES y SENA 2008 - 2011	EME – Educación Media Especializada 2008 - 2010	Proyecto Alianza para la Educación Superior 2010 - 2011	Fondos de financiamiento y subsidios condicionados para impulsar el acceso y permanencia a la Educación Superior 2008 - 2016
Plan sectorial de educación 1998 - 2001	Resolución 480 (20/02/2008)	Resolución 2953 de 2011	Alianza SED – IES (Res. 0987 de 2010)	Fondo Estudiantes del sector oficial Alianza ICETEX - SED
Cobertura educación media Fortalecimiento del núcleo común Formación en competencias laborales Orientación vocacional Apoyo a planes de mejoramiento de la educación media académica Acreditación de la educación media técnica	Diseño y transformación curricular Capacitación docente Construcción de planes de estudio Reconocimiento de créditos académicos Certificación laboral con el SENA Incorporación de jornada adicional entre 10 y 16 horas	Profundización en matemáticas, ciencias naturales, ciencias sociales, humanidades, ciencias empresariales, lenguas y educación física Jornada adicional entre 6 y 10 horas No contempla el diseño curricular por créditos académicos Metodología de trabajo por proyectos	Homologación de cursos tomados en la educación media Desarrollo de programas técnicos y tecnológicos en las instalaciones de los colegios con docentes de las IES	Apoyo financiero a los egresados de la educación media oficial Créditos totales (100% en IES públicas) Créditos parciales (70% en IES privadas) Fondo Mejores Bachilleres (becas totales en cualquier IES)
Destinatarios: N/A	Destinatarios: 64 colegios	Destinatarios: 100 colegios IES vinculadas: Universidad de la Sabana, Universidad EAN, Fundación Universitaria Monserrate, Universidad Sergio Arboleda, Universidad Pedagógica Nacional, Universidad Nacional de Colombia	Destinatarios: 35 colegios Beneficiarios: 5.536 estudiantes IES vinculadas: Universidad Minuto de Dios, Universidad Panamericana, Instituto Técnico Central, Universidad Pedagógica y Tecnológica de Colombia, SENA, Universidad de América	Destinatarios: 360 colegios Beneficiarios: 2312 estudiantes

Fuente: elaboración del autor basado en los documentos de los planes sectoriales de educación 1998 – 2012.

De acuerdo a los datos anteriores, se presenta a continuación ésa interacción entre los dos sistemas, lo cual es una consecuencia del esquema macroeconómico adoptado por el gobierno nacional que afecta el distrito y su base productiva generadora de empleos, ingresos y posibilidades para la población creciente de Bogotá.

Sistema educativo vs Sistema productivo

Bogotá debido a su crecimiento demográfico, ha conformado un mercado laboral muy importante que es aprovechado por las compañías que tienen su sede en la ciudad. De acuerdo a las cifras del Ministerio de Educación Nacional (2015), en 2014 se graduaron 111.734 profesionales de diversas áreas, con un predominio de las Ingenierías, Arquitectura, Urbanismo, Ciencias Sociales y Humanas. En esa dinámica y siguiendo al Ministerio de Educación Nacional (2015), 115 instituciones de educación superior matriculan aproximadamente 664.000 estudiantes y gradúan cerca de 100.000 profesionales, técnicos y tecnólogos al año.

Esta disposición de mano de obra, generan datos como los reportados por el DANE (2016) a comienzos de éste año.

26

En la capital del país se evidencia la menor desocupación con 4.140.000 empleados, 479.000 desempleados y 1.851.000 inactivos. En términos porcentuales se presenta el siguiente gráfico que ilustra la tendencia de ocupación.

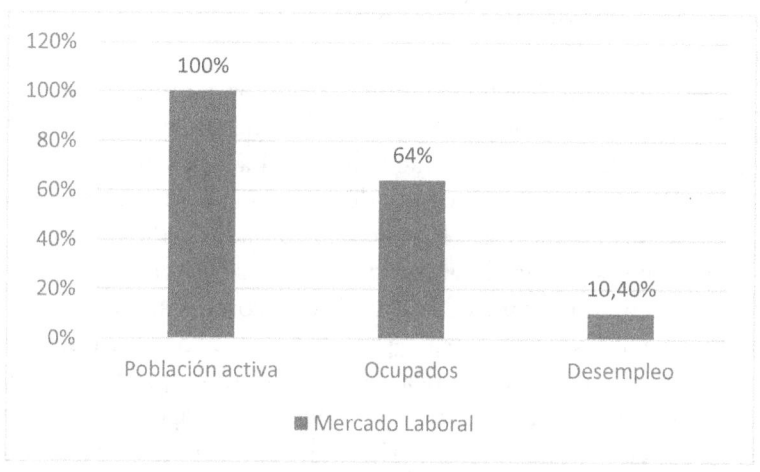

Gráfico 4: Mercado laboral en Bogotá 2016. Fuente: DANE (2016)

La absorción de la mano de obra en la ciudad se debe principalmente al sector de la construcción, servicios, alimentos y transporte, sectores productivos que en su mayoría proveen puestos de trabajo para técnicos y tecnólogos, en menor medida para profesionales con pregrado y un muy reducido porcentaje para aquellos que poseen títulos de posgrado.

Este panorama cuantitativo se complementa con algunos elementos de análisis cualitativo. Hay imaginarios colectivos en torno a la profesionalización que han incidido en la dinámica laboral de Bogotá y de hecho todo el país; las familias consideran importante la obtención de títulos, comenzando por el de bachiller, pregrado y posgrado. Ello constituye un indicador de éxito personal y es visto como un valor agregado que contribuye al aumento de ingresos al igual que da prestigio no sólo al individuo sino al núcleo familiar. Por ésta razón los eventos de graduación son muy importantes en las familias, involucrando reuniones, comidas especiales, regalos simbólicos y demás elementos del ritual.

Sin embargo, los imaginarios colectivos también han generado que generaciones enteras realicen estudios en carreras que ya están saturadas y tienen actualmente baja demanda de profesionales, tal es el caso de Medicina, Derecho, Administración de empresas, Psicología, Contaduría Pública y algunas ingenierías. Por el contrario, los sectores productivos que más crecen en las ciudades relacionados con los servicios, comercio, análisis financiero, petróleo, electromecánica, industria química, farmacéutica, programación, plásticos, alimentos orgánicos, exportación, productos digitales, entre otros, ofrecen vacantes que no pueden ser cubiertas rápidamente y muchas empresas se ven obligadas a traer técnicos de otras ciudades e incluso de otros países. Esta dinámica es muy importante ser tenida en cuenta cuando se diseñan programas de formación en las instituciones de educación superior al igual que la base académica de los colegios públicos y privados.

El sistema productivo cada vez más requiere de un profesional, técnico o tecnólogo que posea conocimientos específicos para desarrollar procesos de manufactura, diseño, gestión y demás en la elaboración de bienes y servicios a su vez cada vez más complejos. De acuerdo a Chagüendo (2014), los perfiles más difíciles de encontrar se encuentran en tecnología y gerencia, ya que se requieren certificados muy específicos que no todos tienen. Siguiendo a Chagüendo (2014), hay escasez de profesionales para cargos tales como consultor de ventas especializado en productos digitales, desarrollador de punto NET o Java, ingeniero de desarrollo con experiencia en lenguajes de programación, arquitecto de implementación, administrador de plataforma y gerente de proyecto experto en gestión documental.

Como se observa, la especialización cada vez mayor hace que el sector productivo requiera de profesionales formados para realizar tareas a su vez específicas en una cadena de bienes y servicios compleja. Conceptos tales como competencias adquieren un valor importante en el diseño curricular, superando la concepción de escuela como trasmisora de conocimientos. Pareciera ser que la escuela va por un lado y el sistema productivo va por el otro. Mientras miles de estudiantes de colegio pierden su tiempo haciendo maquetas, realizando talleres sin un objetivo claro, llenando cartillas y asistiendo a eventos de todo tipo como izadas de bandera, días de la ciencia, idioma, ambiental, etc., sus bases en matemáticas, ciencia, lenguaje son cada vez más precarias al igual que la oferta de centros de interés en música, deportes, artes plásticas, diseño, programación y lectura es reducida o mal encaminada por la falta de docentes capacitados que sean capaces de transformar sus prácticas pedagógicas.

La mayoría de ellos se autodefinen como poseedores del conocimiento, aun cuando hay miles de profesores de inglés que no lo dominan, de sociales sin bagaje teórico y análisis, de biología sumidos en una ignorancia absoluta, de matemáticas que no son capaces de resolver problemas, de español con faltas graves de ortografía, de ética con un desconocimiento profundo de autores como Cortina, Bauman, Nussbaum, Lévinas, entre otros; en fin, hay serios problemas en el interior de las aulas que no se han resuelto aún y que no permiten una preparación para las exigencias del sistema productivo.

Ahora bien, *¿qué pasa en el mercado laboral?*, el problema está en los perfiles que buscan las empresas (Chagüendo, 2014), por ejemplo, buscar un contador público que sepa inglés con experiencia y menor de 40 años con un salario de $1.850.000, es muy probable que el candidato que se acerque al perfil tenga un dominio de inglés básico sin certificar y posea como experiencia alguna pasantía o "proyecto" realizado en la universidad. Algo similar ocurre con otras profesiones, lo cual refleja la poca comunicación existente entre el sistema productivo con el sistema educativo. Hay colegios donde aún se busca la formación de un ser que sería apto para el ideal humanístico del siglo XVII que, de un ser del siglo XXI, acaso ¿qué pretende el sistema educativo? ¿formar poetas, literatos y humanistas en un país con oportunidades empresariales y de desarrollo tecnológico únicos en el mundo?, es claro que la brecha entre lo que necesita la producción y las competencias del recurso humano que egresa de las universidades bogotanas cada año es cada vez mayor y la discusión todavía gira en torno en si formamos seres virtuosos y temerosos de Dios o si aumentamos más horas en matemáticas, ciencias, lenguaje y sociales; igualmente estamos imbuidos en discusiones en torno al porte del uniforme, hacer la tarea, creer en Dios y no en fomentar los retos, los desafíos en la escuela y dejar de perder el tiempo tan valioso y escaso en nuestros días.

Para finalizar esta primera parte, se dará a conocer una proyección demográfica de la relación entre sistema productivo y sistema educativo en Bogotá, basada en los datos aportados por el ICFES (2015), teniendo en cuenta la tendencia de preferencias de formación de los bachilleres capitalinos, la formación base necesaria de éstas frente a la oferta laboral cuya tendencia es evidente en la demanda de las empresas.

Tabla 2: Proyección demográfica en la relación entre sistema educativo y sistema productivo en Bogotá.

Bachilleres 2015	Formación postsecundaria (*preferencias*)	Oferta Laboral	Base académica
Calendario B 78.885	Medicina Administración de empresas Odontología Economía Derecho Ingeniería industrial Psicología	Dirección comercial Ingeniería en geociencias Geociencias Análisis de datos	Aritmética Álgebra Cálculo Trigonometría Geometría Estadística Química Biología Geología Geografía
Calendario A 79.647	Gastronomía Fuerzas Armadas Enfermería Educación Ingeniería Civil Lenguas modernas Ingeniería Ambiental Contaduría Pública Administración de empresas Ingeniería electrónica Carreras técnicas	Offshoring Gerencia de recursos humanos Gestión de la calidad Telecomunicaciones Programación Arquitectos web Diseñadores Logística Plásticos Estadísticos Ingenieros de alimentos	Diseño gráfico Programación Gestión de proyectos Ofimática Física Electrónica Mecánica Lenguaje Comprensión lectora Inglés, francés, alemán, mandarín, ruso y portugués
Total: 158.532	**Matriculados en IES** 56.000	**Posible graduación** 18.322	**Absorción laboral** 4.654

Fuente: elaboración del autor basada en datos del Icfes (2015) y la Revista Dinero (2014)

CONCLUSIONES DE LA PRIMERA PARTE

- Las políticas de educación media en Bogotá han contribuido a la formación de varias generaciones de bachilleres de estratos 1 y 2, quienes mejoraron las posibilidades de acceso a la educación superior, sin embargo, su permanencia siguió siendo minoritaria.

- Entre 1998 y 2016 se generaron tres procesos fundamentales en la implementación de las políticas públicas de educación media: se amplió la cobertura, se garantizó el derecho a la educación y se promovieron estudios sobre calidad que aún siguen en el debate del magisterio.

- El aumento demográfico de la capital entre 1995 y 2015 generó la necesidad de atender miles de niños, niñas y jóvenes en el sistema oficial de educación, sin embargo, pese a la cobertura creciente gran parte de ellos no culminan su formación secundaria.

- La desigualdad de ingresos entre las diferentes localidades de Bogotá también influye en el tipo de instituciones educativas que se crean para atender la demanda de formación escolar, propiciando una brecha que los gobiernos de izquierda intentaron cerrar con diversos programas que permitieran el acceso y permanencia de los bachilleres de estratos 1 y 2.

- Si la tendencia de preferencias de formación postsecundaria continua como sucede actualmente, la capacidad de inserción laboral del sistema productivo será de un 2,93% para el año 2021.

SEGUNDA PARTE

Figura 4: Estudiantes del Colegio Enrique Olaya Herrera, 1994. Fuente: colección privada de ex alumna.

A continuación, se presentará el análisis correspondiente al Plan CEMDIZOB, el cual representa un hito muy importante en la formulación de política pública. Sin embargo, hay pocos estudios al respecto y en éste aparte se pretende comprender la dimensión de la propuesta educativa que planteaba dicha iniciativa para Bogotá.

En ese sentido, esta parte se ha estructurado de la siguiente manera: en primer lugar, se contextualiza el espacio geográfico en el cual actuó el Plan Cemdizob, luego se describen las características demográficas de éste espacio geográfico, pasando más adelante por las características y el currículo propuesto para la población escolar. Todo lo cual nos lleva al análisis del impacto de la iniciativa en términos de acceso y permanencia de los egresados de los colegios que lo integraban entre 1980 y 2002 en las instituciones de educación superior.

Figura 5: Revista de porristas del Colegio Enrique Olaya Herrera. Fuente: colección privada de ex alumna.

La formación que pudieron obtener los estudiantes que hicieron parte de los colegios del Plan Cemdizob constituyó una base académica y vocacional que más adelante contribuyó al aumento de posibilidades de acceso a la educación superior en diversas modalidades. Particularmente el Colegio Enrique Olaya Herrera graduó varias generaciones de bachilleres que obtuvieron altos puntajes en las pruebas Icfes e ingresaron a universidades de alta calidad, lo cual no podría pasar desapercibido en éste estudio, ya que un impacto de ésa magnitud nos dice que hubo procesos previos a las políticas que hoy adelanta el Distrito, cuyo valor en términos de aprendizaje y evaluación permitirían reducir costos, mejorar programas y optimizar las inversiones que ya se han llevado a cabo entre 2004 y 2016.

EL PLAN CEMDIZOB

El término CEMDIZOB significa *Complejo de Enseñanza Media Diversificada de la Zona suroriental de Bogotá*, cuya semilla se encuentra en el *Plan Integrado de Desarrollo Urbano de la Zona suroriental de Bogotá*, conocido por sus siglas como PIDUZOB, el cual pretendía organizar el crecimiento urbano en ésa zona de la ciudad, debido al aumento de familias que estaban llegando a la capital en busca de trabajo y vivienda.

El complejo educativo se inició en 1980 con el Colegio Enrique Olaya Herrera, incorporándose más adelante los colegios: Manuelita Sáenz, Gustavo Restrepo, Tomás Rueda Vargas y el Centro Auxiliar de Servicios Docentes - CASD que actualmente se conoce como Colegio Aldemar Rojas Plazas. El plan Cemdizob aglutinaba un gran sector de la Localidad San Cristóbal, sin embargo, muchos estudiantes provenían de localidades aledañas como Rafael Uribe Uribe, Los Mártires, Santa Fe y Tunjuelito.

Figura 6: Hernando Durán Dussán, alcalde de Bogotá (1978 - 1982).

Desde el punto de vista jurídico, el plan se crea mediante el Acuerdo N°002 del 21 de enero de 1980 bajo la administración del alcalde Hernando Durán Dussán, en cuanto a la aprobación del plan de estudios se realiza a través de la Resolución 11780 del 22 de julio de ese mismo año.

Contexto geográfico del Plan Cemdizob

Figura 7: Calle del Barrio Guacamayas. Fuente: colección privada.

El Plan Cemdizob tuvo su mayor impacto en la Localidad San Cristóbal, la cual actualmente está dividida en cinco Unidades de Planeamiento Zonal (UPZ). A saber:

UPZ – San Blas: Aguas Claras, Altos del Zipa, Amapolas, Amapolas II, Balcón de La Castaña, Bella Vista Sector Lucero, Bellavista Parte Baja, Bellavista Sur, Bosque de Los Alpes, Buenavista Suroriental, Camino Viejo San Cristóbal, Cerros de San Vicente, Ciudad de Londres, Corinto, El Balcón de La Castaña, El Futuro, El Ramajal, El Ramajal (San Pedro), Gran Colombia (Molinos de Oriente), Horacio Orjuela, La Castaña, La Cecilia, La Gran Colombia, La Herradura, La Joyita Centro (Bello Horizonte), La Playa, La Roca, La Sagrada Familia, Las Acacias, Las Mercedes, Laureles

36

Sur Oriental II Sector, Los Alpes, Los Alpes Futuro, Los Arrayanes Sector Santa Inés, La Roca, Los Laureles Sur Oriental I Sector, Macarena Los Alpes, Manantial, Manila, Miraflores, Molinos de Oriente, Montecarlo, Nueva España, Nueva España Parte Alta, Ramajal, Rincón de La Victoria-Bellavista, Sagrada Familia, San Blas, San Blas (parcelas), San Blas II Sector, San Cristóbal Alto, San Cristóbal Viejo, San Pedro sur oriental, San Vicente, San Vicente Alto, San Vicente Bajo, San Vicente Sur Oriental, Triángulo, Triángulo Alto, Triángulo Bajo, Vereda Altos de San Blas, Vitelma, Columnas.

UPZ – Sosiego: Golconda, Primero de Mayo, Buenos Aires, Calvo Sur, Camino Viejo de San Cristóbal, La María, Las Brisas, Los dos Leones, Modelo Sur, Nariño Sur, Quinta Ramos, República de Venezuela, San Cristóbal Sur, San Javier, Santa Ana, Santa Ana Sur, Sosiego, Velódromo, Villa Albania, **Villa Javier**.

UPZ – 20 de Julio: Atenas, 20 de julio, Atenas I, Ayacucho, Barcelona, Barcelona Sur, Barcelona Sur Oriental, Bello Horizonte, Bello Horizonte III Sector, Córdoba, El Ángulo, El Encanto, Granada Sur, Granada Sur III Sector, La Joyita, La Serafina, Managua, Montebello, San Isidro, San Isidro I y II, San Isidro Sur, San Luis, Sur América, Villa de Los Alpes, Villa de Los Alpes I, Villa Nataly 20 de Julio.

UPZ – La Gloria: Altamira, Altamira Chiquita, Altos del Poblado, Altos del Virrey, Altos del Zuque, Bellavista Parte Alta, El Pilar, Bellavista Sur Oriental, Buenos Aires, Ciudadela Santa Rosa, El Quindío, El Recodo-República de Canadá, El Rodeo, La Colmena, La Gloria Baja, La Gloria MZ 11, La Gloria Occidental, La Gloria Oriental, La Gloria San Miguel, La Grovana, La Victoria, La Victoria II Sector, La Victoria III

Sector, La Ye, Las Guacamayas, Las Guacamayas I, II y III, La Península, Los Puentes, Malvinas, Miraflores, Moralva, Panorama, Paseito III, Puente Colorado, Quindío, Quindío I y II, San José, San José Oriental, San José Sur Oriental, San Martín de Loba I y II, San Martín Sur.

UPZ – Los Libertadores: Antioquia, Canadá La Guirá, Canadá La Guirá II Sector, Canadá-San Luis, Chiguaza, Ciudad de Londres, El Paraíso, El Pinar (República del Canadá II), El Triunfo, Juan Rey (La Paz), La Belleza, La Nueva Gloria, La Nueva Gloria II Sector, La Península, La Sierra, Las Gaviotas, Los Libertadores, Los Libertadores Sector El Tesoro, Los Libertadores Sector La Colina, Los Libertadores Sector San Ignacio, Los Libertadores Sector San Isidro, Los Libertadores Sector San José, Los Libertadores Sector San Luis, Los Libertadores Sector San Miguel, Los Libertadores Bosque Diamante Triángulo, Los Pinares, Los Pinos, Los Puentes, Nueva Delly, Nueva Gloria, Nueva Roma, Nuevas Malvinas (El Triunfo), República del Canadá, República del Canadá-El Pinar, San Jacinto, San Manuel, San Rafael Sur Oriental, San Rafael Usme, Santa Rita I, II y III, Santa Rita Sur Oriental, Valparaíso, Villa Angélica-Canadá-La Guirá, Villa Aurora, Villa del Cerro, Villabell, Yomasa, Villa Angélica, El Paraíso Sur Oriental I Sector, Juan Rey I y II, Villa Begonia.

Tal como se aprecia en la figura 8, la influencia geográfica del plan aparece con mayor densidad de color, correspondiente a San Cristóbal, sin embargo, colegios como el Enrique Olaya Herrera matricularon población proveniente de las localidades aledañas.

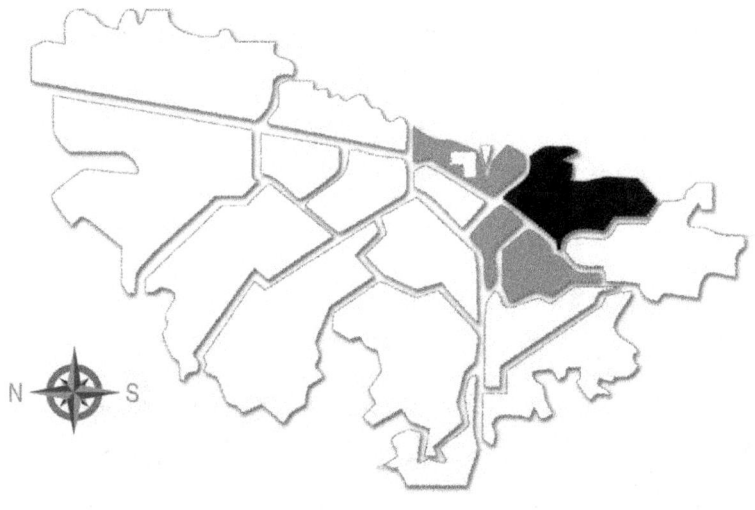

Figura 8: Influencia geográfica del Plan Cemdizob. *Fuente: elaboración del autor.*

Entre 1970 y 1990 el crecimiento urbano de la localidad trajo consigo gran cantidad de familias que buscaban una vivienda propia. Particularmente, el Barrio Guacamayas representó un hito de urbanización debido al proyecto impulsado por la Caja de Vivienda Popular (Peña, Torres, & Rodríguez, 2001) que otorgó casas a cientos de familias que llegaban del centro y suroccidente de la ciudad. Esta dinámica fue configurando el espacio geográfico de la localidad al igual que la fuerte tradición católica que permitió el surgimiento de capillas e iglesias por doquier, las cuales dieron lugar a una toponimia proveniente del santoral. Para muchas de ésas familias, tener una casa en Guacamayas, Villa de los Alpes, San Martín, La Colmena, etc., era tener una propiedad que les permitía mejorar sus condiciones de vida

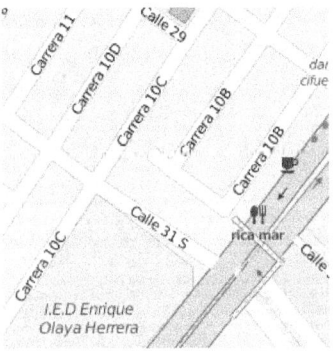

para el futuro, y, parte de ése futuro estaba relacionado con la búsqueda de educación para el creciente número de hijos que estaban naciendo a lo largo de la década de 1970.

Ante ése índice de crecimiento demográfico, la presencia de colegios era muy

40

necesaria en la naciente localidad que acogía a cientos y cientos de habitantes que buscaban opciones de vida.

Características demográficas

Figura 9: Vista aérea del Colegio Enrique Olaya Herrera en 2014. Fuente: *www.mapadebogota.gov.co (2016)*

La población que se ubicó en la zona suroriental de Bogotá entre 1960 y 1990 provenía en su mayoría de departamentos de la Región Andina donde el enfrentamiento entre liberales y conservadores fue en extremo violento como Santander, Boyacá, Cundinamarca, Tolima, Norte de Santander y Valle del Cauca. A la par de ésta población, otro grupo importante lo constituyó las familias netamente bogotanas que tenían sus raíces en barrios como Las Cruces, Restrepo, El Carmen, La Fragua, Policarpa Salavarrieta y Las Nieves, quienes habían vivido en arriendo y encontraron una gran oportunidad de poseer vivienda propia en los proyectos urbanos que se estaban gestando en ésta zona.

Entre 1995 y 2015, la configuración demográfica cambió significativamente con la llegada de población proveniente de los litorales, Huila, Tolima y Caquetá, quienes huían de la violencia propiciada por el narcotráfico, el desplazamiento forzado y el enfrentamiento entre guerrillas y las fuerzas armadas. Al igual que otras localidades periféricas de la ciudad, las nuevas generaciones tienen una tasa de natalidad muy alta, con deserción escolar y por consiguiente desempleo que genera delincuencia juvenil, violencia intrafamiliar y una enorme cantidad de madres solteras, todo lo cual genera un ciclo de pobreza típico.

Lamentablemente la influencia de los medios de comunicación y los imaginarios colectivos de las nuevas generaciones ha propiciado el surgimiento de diversos estereotipos, entre ellos el denominado "ñero", imitado por muchos adolescentes que pretenden adoptar el modelo de pandilla tipo Harlem o Bronx de Nueva York y verse "duros" ante la sociedad, para algunos es pasajero, pero para la mayoría se ha convertido en un estilo de vida.

Características del Plan Cemdizob

El plan Cemdizob se basaba en el principio de educación media diversificada, lo cual implica una formación básica y una formación vocacional. En ese sentido, el modelo educativo seguido tenía una similitud con el modelo empresarial *clúster*[3], en el cual un centro aglutinaba las opciones formativas para los demás, tal como se presenta en la siguiente ilustración:

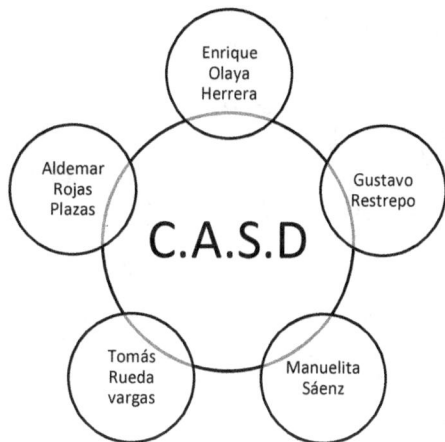

Ilustración 1: Esquema del modelo CEMDIZOB. Fuente: elaboración del autor.

Los principales elementos que sustentan la idea de educación media diversificada que se evidencia en la ilustración anterior provienen; para el caso colombiano; del Seminario Nacional de Evaluación Institucional realizado en Bucaramanga entre el 18 y 23 de marzo de 1974, evento en el

---

[3] Un clúster industrial (*o simplemente clúster*) es un concepto nacido a principios de la década de los 90 como herramienta para el análisis de aquellos factores que permiten a una industria específica incorporar nuevos eslabones en su cadena productiva, los factores que determinan el uso de nuevas tecnologías en sus procesos, y los factores determinantes de la generación de actividades de aglomeración.

cual el CENDIP (*Centro de Investigaciones Pedagógicas*) elaboró un documento que contenía algunos principios relevantes que luego fueron tenidos en cuenta para la elaboración del plan, particularmente aquellos contenidos en el Acta n° 002 de 1980 y la Resolución 1524 de 1994.

De acuerdo a lo anterior, el principio rector es que como el mundo circundante cambia constantemente, es necesario que la formación se continúe a lo largo de la vida, de esta manera, se veía necesario volver a pensar de manera completa el sistema educativo colombiano. Tomando como referencia a Schwartz (1973), la formación inicial debería estar encaminada a dar al alumno un bagaje de conocimientos útiles para la vida entera, como también a infundir gusto por continuar su educación una vez se haya llegado a la edad adulta. Evidentemente esto supone que:

1. Los alumnos adquirirán este gusto por el trabajo, necesario para su formación futura

2. No habrán experimentado disgusto por los estudios durante la escolaridad y habrán tenido la posibilidad de trabajar, al menos una parte del tiempo, en temas escogidos por ellos mismos

Siguiendo a Schwartz (citado por INCOLPE, 1974), esto se denomina como la pedagogía de la elección[4], lo cual resulta interesante en cuanto permite el diseño de un modelo educativo que sea capaz de responder a las necesidades de las comunidades y forme individuos con posibilidades de éxito profesional, social, económico y cultural. Desde ésta lógica, el sistema propuesto por Schwartz (1973) es el siguiente:

La escolaridad obligatoria debe comenzar a los dos años y medio para permitir que los niños de ambientes desfavorecidos tengan un buen punto de partida. Esta

---

[4] Esta pedagogía concibe el sistema educativo como productor de individuos responsables, lo cual equivale a decir que serán capaces de tomar decisiones para ellos mismos y para la colectividad. En ese sentido, se confía parte de la formación al alumno mediante el compromiso de éste por su aprendizaje, así, la clase tradicional desaparece para dar paso a un salón de recursos, los cuales están disponibles para que los alumnos alcancen objetivos. (INCOLPE, 1974)

escolaridad terminaría a la edad de dieciocho años para permitirle al alumno adquirir una formación profesional – pues, ningún alumno debe salir del sistema educativo sin tener una profesión – o prepararse para la entrada a la universidad. Una "escuela de base" acogería a todos los alumnos de cinco a dieciséis años. (p. 11).

Este modelo resulta pertinente en un sistema que propende por la descentralización educativa y la búsqueda del mayor impacto posible en las comunidades. Por lo tanto, la gran pregunta que en su momento Schwartz (1973) hacía al sistema era: *¿Cuánto tiempo se necesitará todavía para descubrir que no se pueden formar seres autónomos y responsables sino multiplicando a través de las etapas de formación las situaciones de autonomía y de responsabilidad?*, un primer paso que se propuso con la pedagogía de la elección fue justamente la diversificación como mecanismo de formación según los intereses y capacidades de los educandos. El modelo se resume de la siguiente manera:

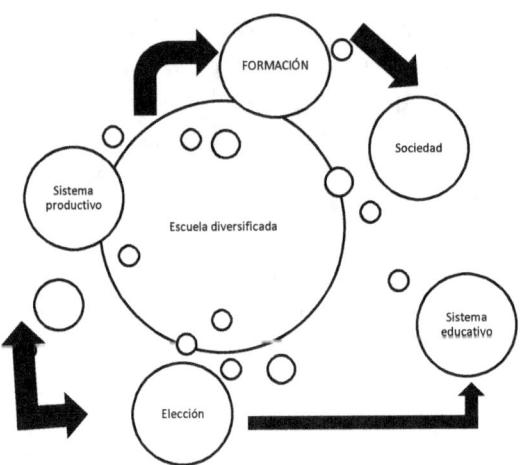

Ilustración 2: Esquema de Schwartz (1973). Fuente: ICOLPE (1974)

Propuesta formativa

La base legal del Plan Cemdizob se encuentra en el decreto 080 del 22 de enero de 1974, el decreto 157 de febrero 4 de 1974, la resolución 2109 del 1 de abril de 1974 y la resolución 2332 del 5 de abril del mismo año. En su formulación, la base jurídica tuvo en cuenta algunos elementos de la pedagogía de la elección, tomando disposiciones tales como: definir la calificación o apreciación cualitativa con números enteros en la escala de uno a diez, además se crearon los cursos remediales como respuesta al problema de las habilitaciones y se fijaron algunas condiciones para la

aprobación del curso con base en la asistencia.

La estructura de la propuesta estaba conformada por áreas de formación básica y áreas de formación propia. En la primera se distribuyeron las asignaturas que se consideraban la base común de aprendizajes para todos los alumnos de grado sexto a noveno. La segunda correspondía a aquellas asignaturas que permitían una exploración vocacional de los alumnos, por lo tanto, se precisaba que todos cursaran todo con la misma obligatoriedad. tal como se detalla a continuación.

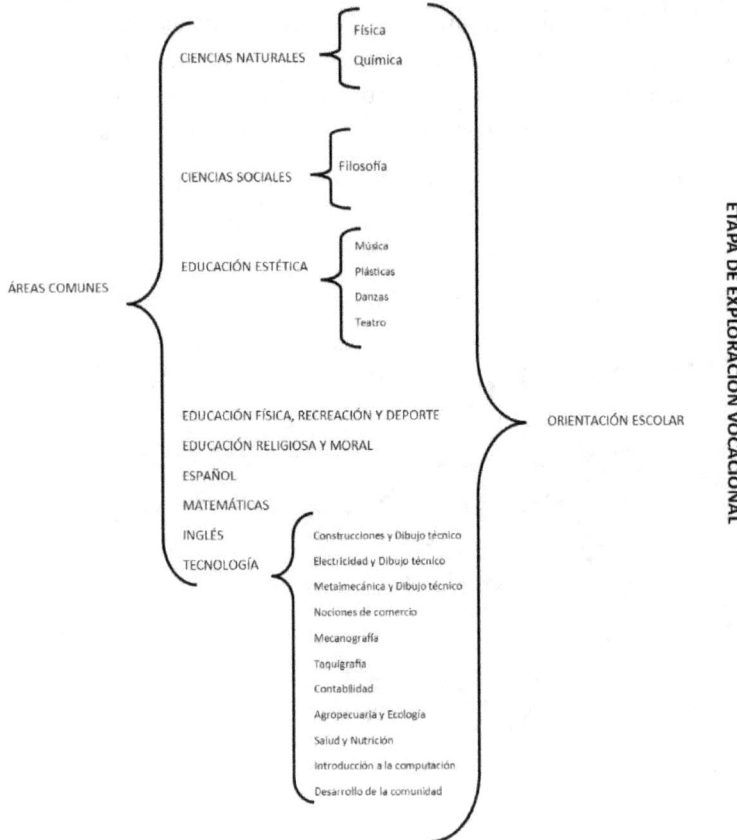

Una vez los estudiantes culminaban noveno grado, comenzaba la etapa de formación vocacional, en la cual todos los alumnos cursaban las áreas de formación común y optaban según su elección por las áreas de formación propia que profundizaban conocimientos específicos. De acuerdo a Schwartz (1973), la base pedagógica del Cemdizob contempló el concepto de elección, tal como se muestra a continuación.

Tabla 3: Estructura del plan de estudios del Plan Cemdizob.

	MODALIDAD	OPCIÓN	ÁREAS PROPIAS
CIENCIAS	HUMANAS	Humanidades Idiomas	Literatura latinoamericana
			Historia Siglo XX
			Antropología
			Metodología de la investigación
			Literatura universal
			Psicología
			Sociología
			Epistemología
			Inglés comunicativo
			Francés
			Literatura latinoamericana Siglo XX
			Literatura universal Siglo XX
			Lingüística
	MATEMÁTICAS	Matemáticas	Matemáticas
			Estadística
			Informática
	NATURALES	Ciencias Naturales	Biología
			Física
			Geociencias

TECNOLÓGICO	COMERCIAL	Secretariado Contabilidad	Química Mecanografía Taquigrafía Técnicas de oficina Contabilidad Computación Contabilidad Legislación laboral y comercial Computación Mecanografía Empresa comercial didáctica
	SALUD Y NUTRICIÓN	Salud y Nutrición	Salud Nutrición Psicología social Práctica Institucional
	INDUSTRIAL	Mecánica industrial Electricidad – Electrónica Mecánica automotriz CCMD IANV	Máquinas y herramienta Soldadura Fundición Dibujo metalmecánico Electricidad Dibujo eléctrico Electrónica Taller mecánico automotriz Tecnología básica mecánica automotriz Dibujo automotriz Construcciones civiles Dibujo arquitectónico Construcciones en madera

ARTES			Dibujo técnico aplicado en maderas
ARTES	BELLAS ARTES	Danzas Música Artes plásticas Teatro	Técnicas y gramática de la danza Folclor colombiano Formación musical básica Historia de la danza Taller instrumental Pintura Dibujo artístico Cerámica industrial y artística Historia de las artes plásticas Técnicas de actuación Expresión corporal Montaje Historia del teatro
	ARTES PLÁSTICAS	Diseño gráfico y Medios audiovisuales	Diseño gráfico Comunicación visual Fotografía Historia del diseño gráfico

Fuente: elaboración del autor con base en la Resolución 1524 de 1994.

Como se observa en la tabla 3, el éxito del modelo del plan Cemdizob fue reconocer la diversidad de su alumnado y proveer una formación amplia con muchas opciones de alta calidad tanto en docentes como en programas curriculares que permitían a los educandos adquirir los conocimientos y las habilidades necesarias no solo para una prueba de estado sino para el proyecto de vida de cada cual.

Impacto del Plan Cemdizob en términos de acceso y permanencia de los bachilleres en las IES

De acuerdo a datos de los estudios que sobre educación media se realizaron en 2001, el índice de egresados de los colegios del Cemdizob que se matriculaban en universidades públicas ascendía al 55%, lo cual es alto con relación a la tasa que actualmente presentan los egresados de la EMF. Ahora bien, de acuerdo a las historias de vida analizadas en algunas investigaciones como la realizada por la Secretaría de Educación Distrital en 1997, muestra que aquellos estudiantes que ingresaron a universidades como la Nacional, Distrital y Pedagógica culminaron con éxito sus estudios de pregrado; por ejemplo, de la promoción 1994 del colegio Enrique Olaya Herrera, más del 67% de ésos bachilleres, tienen una trayectoria académica y laboral llena de logros como gerentes, rectores de colegios oficiales, asesores, analistas, docentes, nutricionistas y directores de corporaciones fuera del país, lo cual pone en evidencia la eficacia de la formación recibida a lo largo de doce años mediante el modelo educativo por elección.

Por otro lado, de acuerdo a la Secretaría de Educación Distrital (1998):

Los graduados del bachillerato comercial muestran una más y exitosa participación en el mercado laboral. Las pruebas muestran que dichos bachilleres obtienen resultados significativamente diferentes a todos los otros, mientras que en los demás bachilleres no existen diferencias significativas entre ellos. Esto podría sugerir que la media comercial es la más exitosa de las actualmente ofrecidas. Sin embargo, un estudio más detallado permite ver que los graduados del bachillerato comercial, son básicamente mujeres, las mujeres como grupo presentan una participación más exitosa en el mercado laboral. (p. 15).

De acuerdo a ésta observación que arrojó el estudio, los bachilleres provenientes de alguna modalidad diversificada tenían mayor probabilidad de insertarse en el mercado laboral frente a aquellos que obtenían el título de bachiller académico tradicional tanto de colegios privados como públicos; que en el caso del Cemdizob representaba una enorme oportunidad para los jóvenes de estratos 1 y 2 que estaban matriculados en sus colegios. Es claro que la tasa de absorción por parte de universidades públicas fue mayor entre 1980 y 2002 de éstos egresados debido a la oferta formativa que se expuso anteriormente en la tabla 3.

Para concluir daremos a conocer parte de una historia de vida de una egresada del colegio Enrique Olaya Herrera que refleja el impacto que tuvo el plan en los habitantes de la zona suroriental de Bogotá.

ARFM provenía de una de las miles de familias que arribaron a la localidad San Cristóbal entre 1970 y 1980. Ella cursó sus primeros años en una escuela cercana a su barrio y aplicó la prueba Icfes cuyo puntaje permitía el acceso o no a uno de los recién creados colegios del plan Cemdizob; por fortuna obtuvo un buen puntaje que le dio la opción de matricularse en el colegio. Allí cursó todo el bachillerato y se inclinó por la modalidad de ciencias (*Matemáticas*) que le dio las bases para aplicar a la prueba de la Universidad Nacional, donde cursó estudios de estadística, los cuales culminó exitosamente. Posteriormente se vinculó como analista en una prestigiosa entidad bancaria que la llevó a Corea del Sur donde aprendió el idioma y cursó un posgrado en estadística financiera, que le abrió las puertas como gerente operativa de una compañía de ése país para Latinoamérica. Actualmente vive en Los Ángeles con una senda interesante para los próximos años. Tal como ella misma afirma: *"La calidad académica del plan Cemdizob le dio maravillosas oportunidades a miles de jóvenes que alguna vez tuvieron que pasar muchas necesidades, vivir en chozas y caminar kilómetros para llegar al colegio, pero que en sus mentes tuvieron presente la exigencia, el estudio y el hambre de éxito que los llevó lejos, más lejos de lo que sus padres hubiesen podido imaginar, ya que muchos de ellos ni siquiera culminaron segundo año de primaria..."* (ARFM, relato individual; 1998).

TERCERA PARTE

Tal como se señaló en la primera parte del libro, las políticas públicas de educación media contaron con un impulso significativo a partir de 1998 y se convirtió en un punto de la agenda de los gobiernos capitalinos entre 2004 y 2016. Esta mirada coincide con Díaz (2013) quien afirma que, "en Colombia, la educación media ha sido un nivel relativamente olvidado en la intervención pública debido a que nunca ha tenido un carácter obligatorio" (p. 239), en ese sentido, la apuesta que hace el Distrito a lo largo de once años construye la Educación Media Fortalecida (EMF), la cual intenta dar respuesta a los problemas identificados desde 1998 en términos de formación.

Siguiendo a Díaz (2013), durante la administración del Partido Polo Democrático, éste nivel se hizo más visible mediante la materialización del derecho a la educación para todos los niños, niñas y jóvenes. Díaz (2013) plantea como tesis que:

> ... el problema de la educación media en la agenda pública empieza a ser homologado al acceso a la educación superior. Esta homologación se legitima y se naturaliza para muchos de los actores participantes a través de la forma en la que empieza a constituirse la solución: la asociación entre IES y colegios. En síntesis, el problema que se "saca del bote" es la insuficiencia o impertinencia de la educación media para la formación de los jóvenes, pero la solución que se selecciona tiene mucho más que ver con facilitar el acceso de los jóvenes a la educación superior, lo cual corresponde

a un problema distinto, la escasez de cupos en ese nivel educativo. (p. 240).

De acuerdo a lo anterior, el problema fundamental de la educación media fue la insuficiencia e impertinencia de la formación que estaban recibiendo los jóvenes en los grados décimo y undécimo, pero las políticas se orientaron al tema de articulación entre IES y colegios para posibilitar el acceso de los egresados a la educación superior.

En este orden de ideas, la tercera parte está dedicada a la EMF, teniendo en cuenta los aspectos fundamentales en cuanto antecedentes, su formulación y posterior implementación al igual que el impacto que ha tenido en términos de acceso y permanencia de los bachilleres a las IES.

Aunque el problema específico de la educación media no se abordó desde la agenda, las políticas públicas si han contribuido a poner el tema en los círculos académicos, además de reflexionar y proponer prácticas pedagógicas que contribuyan a la formación integral de ésos jóvenes. En ese sentido, el denominado "currículo oculto" sigue teniendo un valor muy importante en los docentes de los colegios tanto públicos como privados de todos los estratos, con algunas excepciones claro está, pero en su mayoría, las transformaciones se hacen de esa manera.

EDUCACIÓN MEDIA FORTALECIDA

Durante la ejecución de las políticas públicas anteriores a la EMF, fue clara la necesidad de concebir la Educación Media como un tramo formativo que podría mejorar las condiciones y brindar mayores oportunidades a los estudiantes de los grados 10° y 11° de los colegios oficiales (Alcaldía Mayor de Bogotá, 2012). Desde esa mirada, las experiencias de la articulación de la educación media con IES y el SENA, la financiación de estudios superiores y el apoyo para el acceso a la educación superior, constituyeron la premisa para construir y formular el proyecto 891: EMF y Mayor Acceso a la Educación Superior, donde se presentan apuestas para que la educación media ofertada en los colegios oficiales sea diversa, electiva y homologable en la educación Superior.

En ese sentido, y de acuerdo a la Alcaldía Mayor de Bogotá (2014) los aspectos generales de la EMF que debían tenerse en cuenta para su implementación por parte de los colegios eran:

1. Para los grados 10° y 11°, las jornadas escolares estarán organizadas entre las áreas fundamentales de la Ley 115 de 1994 (24 horas semanales), las áreas optativas de fortalecimiento designadas por la institución educativa (6 horas semanales) y las áreas de la EMF (10 horas semanales). Como total, los estudiantes tendrán una jornada escolar de 40 horas semanales durante 40 semanas académicas al año.

2. El estudiante que hace parte de la EMF contará con docentes especializados en cada una de las áreas y podrá elegir entre el desarrollo de competencias laborales, técnicas profesionales, tecnológicas o universitarias.

3. Para alcanzar esta dinámica, los colegios entran en la etapa de diseño o implementación, según la transformación curricular que hayan alcanzado en el área del conocimiento. Para asegurar unas condiciones de calidad y el posterior reconocimiento de créditos académicos susceptibles a homologar en la ES, se invitaron a las IES con programas acreditados o con reconocimiento institucional de alta calidad a firmar el Pacto Distrital por la Educación Media y Superior.

4. Cuando el estudiante haya terminado sus estudios en la EMF y se titule como bachiller, podrá seguir una de las siguientes rutas: continuar su

formación académica en un colegio oficial por dos semestres en el Grado 12° optativo; con el reconocimiento de créditos académicos homologarlos en una IES, o postularse a becas, subsidios o créditos educativos para el financiamiento de su ingreso a la ES. (p. 8).

Proyecto 891 de 2012

En el marco del Plan de Desarrollo Bogotá Humana 2012-2016 se planteó la EMF y mayor acceso a la ES en el Proyecto 891 de 2012. Dicho proyecto pretende aprovechar los grados 10° y 11°, y avanzar en la implementación del grado 12°, que será opcional, de modo que la educación media constituya un ciclo inicial de la ES para jóvenes, mediante la creación de énfasis en ciencias, humanidades y formación técnica como mecanismo para llegar a un título de técnico profesional o tecnólogo, o a semestres universitarios validados desde el colegio (Secretaría de Educación Distrital, 2014).

Lo anterior, y como respuesta a la problemática que la administración de la Bogotá Humana identificó como baja calidad académica de la educación media en los IED que no permitía el acceso a la ES y el medio socio-productivo se propusieron tres grandes ejes, que involucrarían colegios, gobierno, sector productivo e IES, para promover la articulación entre la educación media y ES a saber:

1. Fortalecimiento de la educación media diversa y homologable: mediante la transformación curricular que permita a los estudiantes de los grados 10° y 11° de los colegios oficiales distritales cursar créditos homologables y diversos que le permitan su continuidad en la ES.

2. Grado 12°: Esta integrado al fortalecimiento de la educación media y contribuirá al mejoramiento de su calidad, generará una progresiva especialización e inducirá nuevas opciones para los jóvenes, ya sea para su vinculación al trabajo socio- productivo o para ampliar las posibilidades de acceso a la ES de calidad.

3. Acceso y permanencia en la ES: Apoyo a través de financiación a bachilleres de estratos 1, 2 y 3 del sistema educativo oficial distrital para que realicen sus estudios de ES. Igualmente, se apoyará la generación de nuevos cupos en la Universidad Distrital Francisco José de Caldas, entre otras, con la creación de dos nuevas sedes.

Ahora bien, el principal objetivo de la política es transformar y fortalecer la educación media distrital mediante la consolidación de una oferta diversa, electiva y homologable con ES que promueva la continuidad de los estudiantes en este nivel educativo, para generar en los jóvenes mayores oportunidades en el medio socio-productivo (Alcaldía Mayor de Bogotá, 2014).

Para lograr éste objetivo general se plantearon los siguientes objetivos específicos:

1. Transformar curricularmente la educación media que se desarrolla en los colegios del Distrito, con el fin de lograr mayor calidad, pertinencia, cobertura y retención en el sistema educativo.

2. Diseñar e implementar un grado 12° optativo y complementario para facilitar la continuidad entre la educación media y la superior.

3. Generar un pacto por la ES para construir e implementar un modelo de acreditación de calidad

de la nueva oferta de educación media homologable y articulada con ES.

4. Diseñar y operar alternativas de financiamiento de ES a los egresados del sistema educativo oficial de Bogotá, para favorecer su ingreso y permanencia en la ES.

5. Apoyar la generación de nuevos cupos en ES pública de alta calidad.

En este orden de ideas, las metas que se propusieron fueron tres:

1. Garantizar a 80,000 estudiantes (Alcaldía Mayor de Bogotá, 2012) de colegios oficiales una educación media que ofrezca diversidad y flexibilidad de programas académicos proyectados hacia la ES y que atiendan las necesidades laborales del sector socio-productivo.

2. Ofrecer a 25,000 egresados de los colegios del distrito, continuidad en estudios de ES que fueron iniciados en la educación media, que les permita continuar su formación profesional en semestres avanzados.

3. Apoyar a 30,000 egresados del sistema educativo oficial para el acceso y la permanencia a la ES (técnica, tecnológica y universitaria) en programas de alta calidad mediante créditos blandos o subsidios condicionados. Para ejecutar la política se destinó un presupuesto de $752.124,000.000 (Alcaldía Mayor de Bogotá, 2012) proyectado para cinco años, cuya culminación estaba prevista para el 2016.

Antecedentes de la EMF

Para entender brevemente el contexto general de las políticas públicas educativas en Bogotá es preciso tener en cuenta que, los planes sectoriales llevados a cabo desde 1998 han tenido un impacto en la ciudad desde el punto de vista administrativo y curricular y son responsables de la incorporación del tema de la educación media en la agenda política Distrital (Roth, 2013). Pues bien, en 1998 el problema identificado (Secretaría de Educación Distrital, 2001) por la administración fue:

> La Educación Media, es el momento formativo en el cual los jóvenes enfrentan decisiones sobre su futuro donde se acercan de una manera más directa la necesidad de encontrar sentido práctico los aprendizajes, no ha tenido en el país un desarrollo que permita establecer claramente las competencias que los muchachos deben desarrollar en este período de su vida para vincularse al mercado laboral ingresar la educación postsecundaria (p. 5).

La inclusión del tema en la agenda de discusión abrió muchas posibilidades de análisis para la formulación de las políticas educativas subsecuentes; en este caso particular, la directriz para su ejecución e implementación fue la cobertura y eficiencia de la educación media.

Con la Resolución N°480/2008 " por la cual se establecen condiciones para el funcionamiento de las instituciones de educación media y superior como programa experimental del distrito capital" se lleva a cabo la política de articulación entre la educación media y superior con la participación de IES y el Servicio Nacional de Aprendizaje (SENA), se buscaba fortalecer el sistema educativo en especial la educación media con el mundo del trabajo, mediante un conjunto de acciones que permitieran a los estudiantes avanzaran hacia la formación profesional, mediante el reconocimiento y homologación de los contenidos curriculares, establecidos por convenio con las IED, a través de esta iniciativa se fomentaron líneas de trabajo tendientes al diseño y la transformación curricular, la capacitación docente, la construcción de planes de estudio, el reconocimiento de créditos académicos de las asignaturas cursadas y aprobadas o la titulación como técnicos laborales a través del SENA (Alcaldía Mayor de Bogotá, 2013). En esta modalidad de la articulación con el SENA, se logró que los jóvenes egresados con la certificación de técnicos laborales (CAP), pudieran continuar sus estudios tecnológicos en el colegio o en los diferentes centros del SENA.

Para el año 2011, el distrito lleva a cabo la política de la EME, la cual consistía en dar a los jóvenes la oportunidad de profundizar en un área o campo del conocimiento, aumentando de 6 a 10 horas semanales su intensidad horaria. A diferencia del proyecto de Articulación, la EME no contemplaba el diseño curricular por créditos académicos y su posible reconocimiento a los estudiantes brindaba la posibilidad de contar con una o diversas opciones de profundización en cada colegio, respondiendo a las expectativas manifestadas por ellos de forma reiterada (Turbay, 2005). Las áreas a profundizar fueron: Matemáticas, Ciencias Naturales, Ciencias Sociales, Humanidades, Ciencias Empresariales, Lenguas y Educación Física. Para alcanzar este propósito los colegios tuvieron que fomentar el diseño y la transformación curricular, trabajo que realizaron en conjunto con las IES.

Las experiencias de formulación, ejecución e implementación de las políticas anteriores constituyeron el insumo para identificar el problema que plantea el Proyecto 891 (Secretaría de Educación Distrital, 2013): "Bogotá requiere de una educación media pertinente con calidad y diversos campos vocacionales, que satisfaga las expectativas de los jóvenes y su entorno socio-productivo, con estrategias que faciliten su acceso a la educación superior" (p. 1), así, surge la EMF con los ejes mencionados anteriormente.

La EME se formuló en la SED mediante la Resolución N°2953/2011, en la cual se planteaba en 100 colegios, la construcción de escenarios futuros de desarrollo para los jóvenes a nivel académico y laboral, a través del ejercicio de proyectos en temas o áreas de saber específicas para cualificar los procesos educativos a partir de la profundización (Alcaldía Mayor de Bogotá, 2012). Su ejecutoria se llevó a cabo por la disposición de éstos colegios para implementar la política mediante la participación de los equipos docentes de tecnología e informática, en un diplomado ofrecido por la Universidad Nacional de Colombia y la Universidad Distrital Francisco José de Caldas ése año; el objetivo de éste era formar docentes para que construyeran un currículo que tuviera referentes de tecnología e informática como una alternativa de aplicación en áreas de profundización tales como matemáticas, ciencias naturales, ciencias sociales, humanidades, ciencias empresariales, lenguas y educación física.

El Pacto por la educación media y superior de 2013

El Pacto por la Educación Media y Superior es una estrategia contemplada desde el Proyecto 891 *"Educación Media Fortalecida y Mayor Acceso a la Educación Superior"*, en la que participarán Instituciones de Educación Superior públicas y privadas, con acreditación de alta calidad en sus programas. El Pacto es un acuerdo de voluntades, en el que las IES, el SENA y la SED, asumen su compromiso por la calidad educativa en la educación Media de los Colegios oficiales del Distrito Capital.

Su principal objetivo fue aunar esfuerzos entre las IES, el SENA y la SED para fortalecer la Educación Media en los colegios oficiales del Distrito capital, participando activamente en la revisión y fortalecimiento pedagógico y curricular, así como en el reconocimiento de créditos académicos homologables en la educación superior. Para lograr éste objetivo general se propusieron los siguientes pasos:

1. Construir los Consejos Académicos de Asesoría Académica, los cuales tienen la representación de las IES, la SED, las IED y profesionales en las seis áreas del conocimiento:
    - Ciencias Económicas y Administrativas.
    - Arte y Diseño.
    - Educación Física y Deportes.
    - Matemáticas, Ingeniería y Tecnologías de la Información.
    - Ciencias Naturales: Biología, física y química.
    - Lengua y Humanidades.
2. Construir las orientaciones que permitirán el fortalecimiento de la educación media en los colegios oficiales del distrito capital.
3. Formular estrategias para el diseño, implementación y evaluación de la transformación curricular en las IED.
4. Reconocer, certificar y homologar créditos académicos en la Educación Superior.

¿A quién beneficiaría éste pacto?:

• A los estudiantes que cursan los grados 10°, 11° y 12° optativo, pues esta iniciativa les dará mayor oportunidad de tener una educación media de calidad, que se caracteriza por ser DIVERSA, ELECTIVA Y HOMOLOGABLE.

• Las familias de los jóvenes estudiantes, porque verán en este Pacto la oportunidad que sus hijos reciban educación de calidad, que será reconocida en la educación Superior. Esta condición da la certeza de mayores oportunidades para el acceso y la permanencia en la Educación Superior, la cual es la apertura a una transformación social.

• Las IED porque tendrán la oportunidad de ser acompañadas por IES con acreditación de alta calidad, prestándoles acompañamiento y asesoría académica y pedagógica.

Las IES que firmaron el pacto fueron:

1. Corporación Universitaria Minuto de Dios - UNIMINUTO

2. Universidad de Bogotá Jorge Tadeo Lozano

3. Institución Universitaria Politécnico Grancolombiano

4. Universidad Pedagógica Nacional de Colombia

5. Universidad de la Salle

6. Fundación Universitaria del área Andina

7. Universidad Manuel Beltrán

8. Escuela Superior de Administración Pública –ESAP

9. Universidad Santo Tomás

10. Universidad Sergio Arboleda

11. Universidad de San Buenaventura

12. Escuela Tecnológica Instituto Técnico Central

13. Corporación Universidad Piloto de Colombia

14. Servicio Nacional de Aprendizaje – SENA

Es interesante que en éste grupo de IES se encuentre sólo una entidad pública. Esto indica que gran parte del beneficio lo obtuvieron las IES privadas, ya que, al incorporar programas de inmersión, se dispusieron enormes recursos para pagar las costosas matrículas de éstas. Gran parte de los estudiantes que participaron de ésos programas cursaron el primer semestre y no continuaron por la falta de dinero para financiar el resto de la carrera que escogieron.

Impacto de la educación media fortalecida: ¿Han accedido a la educación superior los bachilleres que cursaron la educación media fortalecida?

Una vez presentado los elementos más importantes de la EMF, a continuación, se analiza el paso a la educación superior de los jóvenes que han egresado entre 2014 y 2015, ya que son el grupo piloto de la política pública. Para tal efecto se tienen en cuenta los datos provenientes del Ministerio de Educación Nacional y el DANE, los cuales se han tratado desde algunos principios estadísticos como son la correlación y las tendencias de grupos para identificar la realidad de los bachilleres que egresaron de los colegios oficiales ésos dos años. Por otro lado, desde el punto de vista cualitativo, se tuvo en cuenta algunos trabajos de investigación que sobre el tema han realizado estudiantes de maestría en varias facultades de educación, los cuales aportan a la interpretación de éste fenómeno que ha impactado en la capital colombiana.

Para el año 2014, la tasa de absorción de bachilleres por parte de las IES fue de 48,54% (DANE, 2015), es decir que de los 164.218 que se graduaron ése año ingresaron 79.711, de los cuales un 61% se matricularon en alguna carrera profesional y el restante 39% optó por carreras técnicas y tecnológicas. En cuanto los bachilleres que no siguieron su formación postsecundaria en 2015 el número asciende a 84.507, lo cual genera una población flotante que podría ingresar a carreras técnicas y tecnológicas entre 2017 y 2020 en su mayoría, esto debido a factores tales como:

1. Alto costo de matrícula
2. Bajos puntajes en la Prueba Saber Icfes 11°
3. Servicio militar
4. La necesidad de obtener ingresos para cubrir gastos familiares obliga a buscar un empleo una vez se gradúan
5. La formación temprana de núcleos familiares (*la tasa de embarazos en adolescentes aún es alta en los estratos 1 y 2*)
6. Falta de interés y motivación a seguir su formación postsecundaria

Pese a que la EMF pretende formar a los futuros bachilleres para que desarrollen un proyecto de vida más exitoso y los prepare para la educación superior y el trabajo, la tasa de ingreso a las IES no es alta, y, por otro lado, el desarrollo de proyectos de emprendimiento tampoco es alto, excepto en egresados de calendario B, quienes cuentan con apoyo económico y relaciones sociales de sus familias. Lo curioso de éste dato es que ellos no pertenecen a colegios oficiales.

Para ilustrar esta situación veamos el siguiente caso, el colegio privado CC tiene 28 estudiantes matriculados en grado once, de los cuales 25 alcanzan puntajes muy altos, particularmente en matemáticas, ciencias y lectura crítica; 3 de ellos alcanzan el nivel superior. todos sin excepción alguna ya tienen claro su proyecto de vida e incluso poseen la admisión de universidades tales como Los Andes, Javeriana, Rosario, Nacional, Sergio Arboleda, Columbia y Stanford. Por otro lado, tenemos el colegio oficial CFB – IED, el cual tiene 118 estudiantes matriculados en grado once; con la implementación de la media fortalecida, 8 de ellos están cursando su primer semestre en una IES del Pacto de 2013, 4 de ellos seguirán allí gracias a los créditos ofrecidos por el ICETEX y la propia universidad; de los 110 que culminaron sus estudios de media, 23 ingresan a las IES, particularmente en carreras técnicas y tecnológicas, 11 jóvenes prestan el servicio militar en el Ejército y la Policía; los restantes 76 bachilleres buscan trabajo como auxiliares de bodega, auxiliares de oficina, vendedores, impulsadoras, colaboran en los negocios familiares, ingresan a pandillas u optan por la inactividad en sus casas (Lugo, 2013).

El panorama no es igual de uno y otro lado. Pese a que el colegio oficial cuenta con un programa de EMF que enfatiza en el emprendimiento y en su proyecto educativo institucional contempla la formación integral; las oportunidades no son iguales de uno y otro lado. El éxito del colegio privado radica en que prepara en las áreas básicas con una rigurosidad evidente, donde la aplicación permanente de pruebas, el seguimiento de los educandos, el compromiso eficaz de los docentes hace que los resultados sean mejores que los del colegio oficial.

A este respecto García Villegas (2013) afirma que:

… el sistema educativo separa a las personas por razones de clase, pues, en términos generales, los ricos estudian con los ricos en colegios privados, y los pobres con los pobres en colegios públicos: el 93% de los estudiantes de estrato 1 asisten a colegios públicos, mientras que el 98% de los estudiantes de estrato 6 asisten a colegios privados. En segundo lugar, los estudiantes no solo están separados, sino que tienen acceso a una educación desigual: mientras que un estudiante promedio de estrato 1 que asiste a un colegio público obtiene un puntaje de 43,14, un estudiante promedio de estrato 6 que asiste a un colegio privado obtiene un puntaje de 60,45. (p. 96)

Lo anterior coincide con los resultados obtenidos en diversas investigaciones sobre educación al plantear que los egresados de colegios oficiales no acceden a la educación superior en la medida que la calidad educativa; entendida ésta como la correlación entre objetivos formativos y optimización de recursos humanos, técnicos y financieros en la apuesta por un proyecto educativo institucional que responda a las necesidades de la comunidad; es asumida desde una posición gremial que tiene un imaginario colectivo de opresión por parte del gobierno y no se preocupa por diseñar currículos eficaces que acepten el desafío de transformar proyectos de vida. En el sector público, los escasísimos docentes que asumen su compromiso no logran generar cambios a gran escala y sus iniciativas tan sólo resultan en un valor agregado para su hoja de vida.

Ahora bien, para los egresados del año 2015, el panorama no es diferente, de los 158.532 bachilleres, tan sólo un 49,54% fue absorbido por las IES, lo cual deja una población flotante de 79.996 jóvenes que esperan ingresar a la educación superior. A este respecto y siguiendo a John Roemer (1998) citado por García Villlegas (2013), la metáfora del campo de juego se aplica para la realidad del acceso de los bachilleres a las IES. De acuerdo a Roemer (1998):

> Esas condiciones, son las "circunstancias", entre las que se encuentran los genes, los antecedentes familiares, la cultura y, en general, el medio social. Los jugadores rojos y azules podrán ser igualmente talentosos y dedicados, pero los azules gozan de mejores circunstancias y por eso siempre les quedará más fácil anotar un gol. (p. 12).

El color azul se aplicaría a los bachilleres que se gradúan de colegios privados de calendario B y algunos de A, mientras que el color rojo es para todos aquellos que egresan de colegios oficiales y privados que presentan bajos resultados en la Prueba Saber Icfes 11° y pertenecen a estratos 1 y 2.

El panorama anterior genera diversos debates, de los cuales el más importante se refiere a el tipo de educación que reciben los estudiantes a lo largo de once o doce años en los colegios. Desde el punto de vista gremial de los educadores del sector público, es la consecuencia de las políticas neoliberales que ven la educación como una mercancía; lo cual resulta irrelevante si analizamos en detalle el caso particular de Bogotá, ciudad que fue administrada por gobiernos de tendencia social cuya inversión en educación oficial fue enorme comparada con administraciones anteriores; pese a lo anterior, los resultados no han sido satisfactorios, incluso si se tiene en cuenta que en el sector oficial hay un gran número de docentes con formación posgradual y doctorados. Bien sea de uno u otro lado, el punto de la discusión es *¿Por qué aun mejorando los programas de educación media los bachilleres de colegios oficiales siguen presentando bajos resultados y no logran ingresar a la educación superior?*, ello podría ser un problema para ser investigado por las facultades de educación.

Para finalizar ésta parte del análisis se presentan algunos cuadros de datos que describen cuantitativamente el impacto de la educación media fortalecida entre 2014 y 2015.

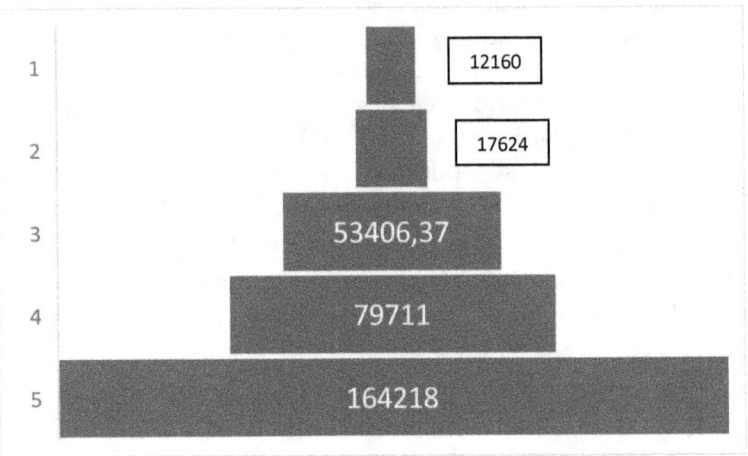

Figura 10: Proyección de ingreso a las IES de bachilleres del 2014. Fuente: *elaboración del autor con datos del MEN (2015) y DANE (2016)*

La tendencia piramidal que se presenta en el sistema educativo colombiano se refleja en ésta proyección que muestra la figura 10, los bachilleres son la base y tan sólo el 7,4% de los que se graduaron en 2014, se insertarán laboralmente una vez culminan estudios de pregrado. Por otro lado, aquellos que inician una carrera y no la culminarán por factores financieros, vocacionales o desempeño académico, generalmente optan por el emprendimiento, lo cual es una tendencia creciente en Bogotá, especialmente en jóvenes universitarios de clase media y alta que desean hacer empresa, este porcentaje corresponderá a un 33% de los que ingresaron en 2015 a las IES.

De la misma manera, ocurrirá con aquellos que se graduaron en 2015.

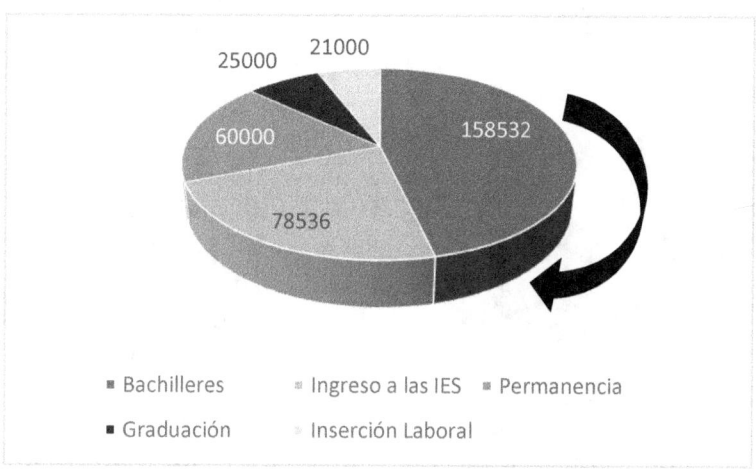

Figura 11: Proyección de ingreso a las IES de bachilleres del 2015. Fuente: *elaboración del autor basado en datos del MEN (2016) y DANE (2016)*

Si observamos la figura 11 en dirección de las manecillas del reloj, el porcentaje de individuos que lograrán culminar estudios e insertarse en el mercado laboral se reduce significativamente, de los 158.532 bachilleres que egresaron en el año 2015 tan sólo 21.000 dentro de seis años habrán realizado su proceso formativo en pregrado. Estas proyecciones se han realizado con base en la tendencia del mercado laboral que presentó el DANE en 2015 y los datos sobre emprendimiento que tiene la cámara de comercio de la ciudad.

En este orden de ideas, podríamos afirmar que los principales beneficiarios de la educación media fortalecida

fueron las universidades privadas, quienes captaron los recursos destinados a la formación postsecundaria de miles de bachilleres de estratos 1 y 2, ya que por un lado, mediante el Pacto por la educación media y superior del 2013, las universidades que se vincularon recibieron el valor del primer semestre de los estudiantes que participaron del programa de inmersión, y, por otro lado, recibirán matrícula con los créditos que otorgan bancos, ICETEX y las propias universidades, ya que en el imaginario colectivo de las familias la profesionalización se ha convertido en algo prioritario, lo cual lleva a contraer deudas que cada día son cada vez mayores.

CUARTA PARTE

En esta sección del libro se pretende abordar las posibilidades de política pública a partir de las experiencias descritas anteriormente, no sin antes plantear las divergencias y convergencias de ellas como marco para proponer un modelo educativo de educación media para una ciudad que está en constante cambio y presenta desafíos en su mercado laboral al igual que en su sistema productivo. Lo anterior se complementa con una contextualización de las políticas de educación media en el ámbito internacional, que, a manera preliminar, nos da elementos de análisis para plantear; con atrevimiento; ésas posibilidades de política pública.

En el contexto internacional las investigaciones más relevantes que tienen en cuenta un análisis de los currículos de la educación media y su efecto en términos de acceso a la educación superior destacan los de Benavot, A. (2006a), con títulos tales como *Educating all children: A global agenda*, en el cual se analizan experiencias de articulación entre educación media y superior en torno al problema del reconocimiento de los conocimientos adquiridos en el bachillerato para continuar en la educación superior, allí se plantean tres aspectos de análisis: la titulación y su tipología, la cualificación y el sistema que la reconoce y la falta de unificación de criterios de las IES para aceptar estudiantes que egresan de la educación media en países con economías emergentes.

Por otro lado, en *The Diversification of Secondary Education: School Curricula in Comparative Perspective*, Benavot (2006b) aborda la importancia de la diversificación en la oferta formativa de la escuela media como mecanismo de reconocimiento de los talentos y las capacidades de los jóvenes para encaminarlos hacia la construcción de proyectos de vida que respondan no sólo al sistema productivo sino a su propia experiencia de crecimiento personal y social. Así mismo, en *Educational governance, school autonomy, and curriculum implementation: diversity and uniformity in knowledge offerings to Israeli pupils* (2009) el autor presenta un estudio comparativo de instituciones educativas en Israel que llevaron a cabo la implementación de políticas públicas en torno al reconocimiento de la diversidad de la oferta formativa sin embargo terminaban adaptando iniciativas que conducían a una uniformización de los proyectos en torno a nodos que motivaban el nacionalismo, las posiciones religiosas y el privilegio de la formación técnica frente a la humanística.

Por último, en *PISA, power, and policy: The emergence of global educational governance* (2013), se plantea la influencia de la Organización para la Cooperación y el Desarrollo (OCDE) a través de la prueba PISA cuyo rol como árbitro mundial busca generar cambios estructurales en los sistemas educativos de los países que pretenden ingresar a ésta, entre ellos se analiza la articulación entre la escuela y la universidad como mecanismo de inserción laboral de los jóvenes a un sistema productivo muy competitivo compuesto por diversos sectores que requieren altas inversiones internacionales que ofrecen alta rentabilidad, lo cual genera la necesidad de llevar a cabo la construcción de currículos que respondan a la formación de un recurso humano capaz, eficiente, eficaz y dispuesto a aportar a la productividad.

Azevedo, J., ha publicado importantes trabajos de investigación. El primero de ellos titulado *A Educação tecnológica nos anos 90* (1991) analiza cronológicamente los procesos de implementación de la enseñanza de la tecnología en el sistema educativo portugués como consecuencia de las exigencias de la economía de mercado que se estaban llevando a cabo en Europa tras la primera crisis del Estado de Bienestar. Dicho análisis plantea dos problemas en la formulación de política pública, por un lado, la posición tecnocrática del gobierno de turno y por el otro, la verdadera caracterización de un problema para que se convierta en agenda. El segundo trabajo titulado *O ensino secundário na Europa* (2000), es una investigación del sistema educativo europeo y sus relaciones con el sistema productivo. Allí se abordan tres problemas fundamentales: las diferencias entre profesionalismo y neoprofesionalismo[5], tipos de enseñanza y formación frente a la necesidad de reconocimiento de los títulos en todo el espacio europeo, y el tercero, en qué medida el sistema productivo mundial permite la libre circulación de ciudadanos que egresan de sistemas educativos fuera de Europa, Canadá, Estados Unidos, Australia, Japón, Singapur, Israel, Corea del Sur o China.

El tercero titulado *Organizar a Escola para 12 anos de escolaridade obrigatória* (2013) es una propuesta de enseñanza obligatoria para los países que aspiran a ingresar y/o que están ingresando a la OCDE. En ella se contempla el concepto de articulación, la formación diversificada y el reconocimiento de la titulación en la zona económica de la organización para la circulación de ciudadanos neoprofesionales.

Por otro lado, Franco, M. A. C., y De Moura Castro, C. (2013) en *A contribuição da educação técnica à mobilidade social*. En este trabajo de investigación se plantea la pregunta ¿la educación técnica favorece o no la movilidad social de los estratos más bajos de la población?, a lo cual en su estudio comparativo entre algunos países de Asia, África, América y Europa demuestran que efectivamente la tasa de inserción laboral es mayor en aquellas regiones donde la oferta formativa técnica está disponible para la población de bajos recursos, permitiendo así que ésta pueda mejorar sus ingresos en un mediano plazo.

---

[5] Es un término acuñado por Azevedo, J. (2000) en idioma portugués, para referirse al conjunto de especialidades que hay en cada profesión que permiten a los ciudadanos mejorar sus ingresos y participar en la dirección del sistema productivo.

En un reciente estudio titulado *Four Functions in Higher Education*, De Moura Castro, C., y Levy, D. (2015), plantean la diversidad de las universidades para la siguiente década en función del tipo de estudiantes que están recibiendo para la formación postsecundaria, particularmente en cuanto la aparición de opciones formativas virtuales, institutos técnicos y las alianzas entre escuela y empresa en algunos países como Singapur, Israel, Egipto y Turquía que facilitan la inserción laboral para aquellos quienes no están interesados en seguir a la ES.

Siguiendo esta perspectiva, cabe citar la voluminosa publicación de Skager, R. y Dave., R. (1977) titulada *Curriculum Evaluation for Lifelong Education* que presenta un agudo análisis de experiencias de articulación en Europa, Australia y Nueva Zelanda; el cual podemos considerar como un trabajo pionero en cuanto categorías y procesos de implementación de políticas públicas. Los principales aportes son que el sistema educativo debe estar abierto a todas las opciones formativas a lo largo de los primeros doce años de escolaridad con un carácter obligatorio, la cualificación está en función de un sistema de reconocimiento o marco de competencias que permita identificar el valor agregado de un trabajador requerido con relación al puesto de trabajo ofertado, la política pública educativa parte de la necesidad de facilitar el tránsito formativo de los ciudadanos limitando la fragmentación de programas y proyectos con recursos del Estado, el diseño curricular es un trabajo conjunto entre los funcionarios públicos y los equipos docentes como mecanismo de respuesta a la necesidad de articular todo el sistema.

Posteriormente en Estados Unidos y Canadá se desarrollaron trabajos de investigación sobre articulación entre educación media y superior al igual que el reconocimiento del talento humano, de los cuales destacamos el de Crowson R., Lowe W., Boyd y Mawhinney H., (1996), cuyo equipo de autores recoge las políticas públicas contempladas en los programas de gobierno en ésos países entre 1950 y 1994. En su análisis, iniciativas como las *community colleges*, las universidades virtuales y la educación a distancia son importantes como estrategia gubernamental para brindar educación a los inmigrantes, indocumentados que inician su regularización como ciudadanos y el acercamiento a las comunidades agrarias. Allí las categorías calidad educativa, política pública y educación articulada tiene relevancia para el presente trabajo en el sentido del análisis realizado por los autores, particularmente en el concepto de *policy cycle*.

La literatura en torno al problema de la articulación y por consiguiente sobre la construcción de currículos en la educación media es más prolífica en lengua inglesa, sin embargo, hay una interesante producción de artículos en portugués provenientes de Brasil, destacando Steimbach, A., (2007); Barbosa, L., (2009); Ribeiro, M., (2011); Moll, J., (2012) y Elias, G. F., (2016). A la par de Brasil, destacan las investigaciones realizadas y publicadas en lengua castellana en Chile, México y Uruguay con académicos tales como Landinelli, J., Tockman, V., Martínez, F., Ramírez, R. y Weiss, E., (2012). Estos trabajos en particular han abordado el problema de la articulación en ésos países desde el punto de vista del impacto en términos de transformación curricular, homologación y formación técnica en la educación media como mecanismo de inserción al trabajo. En el caso de Brasil destaca el análisis de los cambios acaecidos en la estructura del sistema educativo como son la incorporación del Examen Nacional de Enseñanza Media el cual permite a los estudiantes ingresar a las IES sin necesidad de otras pruebas específicas y la adecuación del *Serviço Nacional de Aprendizagem Industrial* [6]conocido por sus siglas SENAI que articuló muy bien los colegios ubicados cerca a zonas industriales para formar técnicos y tecnólogos especializados en diversos campos de la producción. En Uruguay se destacan las experiencias en torno a la Universidad Católica del Uruguay, la Universidad de la Empresa y la Universidad del Trabajo, que reconocen la educación media como un escenario de aprendizajes básicos que se incorporan en las carreras profesionales que escogen los bachilleres para seguir su formación profesional, adaptando los programas de pregrado. En México, los estudios adelantados por Weiss, E., y Ramírez, R., son muy importantes al mostrar los efectos de la política de reorganización educativa del país en términos de niveles de formación y procesos de articulación entre la media y superior.

La importancia de los anteriores trabajos radica en los resultados de investigación en torno al problema de la articulación entre educación media y superior, las alianzas escuela y universidad – universidad y sistema productivo al igual que el análisis de la política pública, que aportan al

---

[6] Servicio Nacional de Aprendizaje Industrial en castellano. Es una institución privada brasileña de interés público, sin fines de lucro. Su principal objetivo es apoyar a 28 zonas industriales a través de la capacitación de los recursos humanos y la prestación de servicios técnicos y tecnológicos. Los programas de formación profesional son posibles a través de las modalidades de enseñanza, capacitación, avanzada, técnica, superior y de postgrado.

presente trabajo en cuanto el efecto que han tenido diversas iniciativas para permitir el acceso a la educación superior por parte de los bachilleres y cómo organizaciones como la OCDE definen las directrices para formular política para el sector educativo. En ese sentido, los puntos comunes que hay entre el problema del efecto de la EMF en los estudiantes en cuanto acceso y permanencia en la ES con los estudios realizados en otros países es que hay una directriz internacional que promueve la articulación como una estrategia económica que favorece al sistema productivo no sólo con la disponibilidad de mano de obra permanente, sino que aumenta el número de individuos – consumidores en la medida que éstos mejoran sus ingresos facilitando la circulación de dinero.

Por otro lado, la formulación de política pública en torno a lo educativo es el resultado de un sistema productivo mundial liderado por un grupo de países que marcan la pauta a través de una organización como la OCDE que a través de instrumentos de medición como la prueba PISA plantean directrices en la agenda política de los gobiernos, particularmente los países que aspiran a hacer parte de dicha organización; como lo es Colombia; traen a sus sistemas educativos modelos que permitan mejorar los resultados de sus estudiantes en función de una serie de estándares que el mercado laboral mundial exige. De acuerdo a Benavot (2013), "la cooperación para el desarrollo no es otra cosa que la disponibilidad de mano de obra especializada en sectores de alto efecto tecnológico, industrial, logístico y comercial que pueda ser adquirida en cualquier país del mundo siempre y cuando cumpla con las competencias necesarias para desempeñar puestos de trabajo y optimicen las enormes inversiones realizadas para la producción" (p. 213).

Una vez tratado lo anterior, se analizarán las convergencias y divergencias de las políticas presentadas anteriormente y se planteará un modelo educativo viable para la educación media de la capital del país.

¿Cuáles son las principales divergencias de éstas políticas públicas?

Teniendo en cuenta las dos políticas, las divergencias se presentarán tres aspectos claves, el primero de ellos es el tipo de ingreso de los bachilleres en función de sus preferencias formativas, el segundo, el tipo de programas formativos ofrecidos de uno y otro lado; el tercero, la proyección en términos de permanencia e inserción laboral de los bachilleres que egresaron de una y otra política[7].

1. El tipo de ingreso a la educación superior en función de las preferencias formativas de los bachilleres difiere bastante de uno y otro lado. Los egresados del plan Cemdizob continuaron su formación postsecundaria a partir de las bases obtenidas en las áreas propias (*especialidades*) que tenía el C.A.S.D, además, lo hicieron en universidades públicas con una exigencia mayor en el proceso de admisión; por ejemplo, un estudiante que seguía la especialidad de geología, de seguro ingresaba a la Universidad Nacional al programa de geología sin mayor dificultad. Por el contrario, los bachilleres de la EMF, en su mayoría optan por carreras técnicas y tecnológicas, lo cual difiere de su preferencia formativa y del énfasis que el colegio tiene para décimo y once antes de graduarse; por ejemplo, una estudiante que quiere ser filóloga, una vez se gradúa encuentra un cupo en un instituto que ofrece el programa de Auxiliar de Enfermería. Por otro lado, los estudiantes que realizaron su primer semestre en la universidad del convenio (*Proyecto 891/2012*), muy pocos siguen matriculados debido al alto costo y continúan su formación en programas similares en universidades públicas o privadas de menor valor.

2. La propuesta formativa del plan Cemdizob partía del pensamiento pedagógico de Bertrand Schwartz, en el cual se contemplaba una educación media

---

[7] Aunque el plan Cemdizob no se considera una política como tal debido al alcance que tuvo en términos geográficos y demográficos, frente a la EMF que si tiene una cobertura en toda la red de colegios oficiales.

diversificada que pudiera garantizar una base común de aprendizajes y la elección de modalidades que respondieran a la vocación de cada uno de los educandos, todo lo cual ampliaba las posibilidades de ingreso a la carrera de su preferencia. En la EMF el énfasis es adoptado por el colegio a partir de las directrices de la política y de acuerdo a las condiciones particulares de cada institución educativa, lo cual reduce las posibilidades de diversificación. A nivel distrital hay seis énfasis, pero los colegios adoptan hasta dos de ellos porque la logística interna no permite que se amplíe a más; es un verdadero desafío en términos administrativos y costos para el erario público; dejando a los educandos avocados a tomar una serie de asignaturas que no responden a sus expectativas. Tan sólo los créditos homologables garantizan en cierta medida el ingreso a ciertas universidades, pero los costos de matrícula resultan muy altos para los jóvenes de estratos 1 y 2.

3. La inserción laboral y profesional de uno y otro lado difieren bastante también; un egresado del plan Cemdizob podía acceder más fácilmente al mercado laboral porque tenía las competencias necesarias para desempeñarse en cargos del nivel técnico, mientras que un bachiller de la EMF obtiene un título académico con 20 créditos homologables que no le permiten insertarse rápidamente al mercado laboral, lo cual genera una búsqueda de programas técnicos que avalen sus competencias para desempeñar oficios y cargos en sectores productivos tales como: servicios, comercio, industria y oficios varios. El número de

egresados que logran ingresar a excelentes programas académicos y posteriormente desempeñar cargos con ingresos altos es bajo con relación a la tasa de graduación de tales colegios actualmente.

¿Cuáles son las principales convergencias de éstas políticas públicas?

En el período dominado por los alcaldes del Partido Polo Democrático 2004 - 2012, se afirmaba que los desarrollos de la política y de la acción educativa se mantenían aún en el marco de los objetivos del I Plan Quinquenal de Educación formulado en 1956 cuando el analfabetismo del país se encontraba cercano al 40% y la tasa de escolarización en educación primaria era de apenas un 45.5%, cuya preocupación por la cobertura y la eficiencia ha sido dominante desde entonces (Secretaría de Educación Distrital, 2007). Siguiendo este contexto político, existe una convergencia entre el plan

Cemdizob y la EMF: en la formulación de una y otra política se superó la concepción de la educación como servicio cuyo propósito es contribuir a la redistribución del ingreso nacional; y se hizo evidente la necesidad de atender los desafíos educativos de segunda generación que parten de reconocer la complejidad de los procesos formativos y atenderlos en su totalidad y para toda la población.

¿Qué necesita Bogotá en términos de política pública educativa?

En primera instancia, para responder a ésta pregunta se precisa identificar el mayor reto que afronta la educación no sólo de Bogotá sino del país; y es encontrar los mecanismos para que la inversión que se hace en la atención educativa de los niños y jóvenes revierta en una modificación real y verificable de una estructura social caracterizada por una profunda segmentación que no solamente riñe con cualquier criterio de equidad, sino que perpetúa modelos históricos de exclusión para las grandes mayorías que viven en la pobreza (Secretaría de Educación Distrital, 2007).

La apuesta que hizo el Partido Polo Democrático entre 2004 y 2012 fue justamente reducir la pobreza y mejorar las condiciones para que las nuevas generaciones tuvieran acceso a una educación pública de calidad, y su principal bandera: el derecho a la educación, es definido así:

> … es un concepto de profundo sentido político, en tanto que apunta a la construcción de una sociedad en la cual todos y todas tengan las mismas oportunidades reales de ser parte activa de las decisiones que afectan la vida de la colectividad. En este sentido, el derecho a la educación difiere sustancialmente de aquella concepción que pretende identificar el derecho fundamental con la prestación del servicio en condiciones mínimas para quienes no tienen

dinero para pagar de forma privada la calidad que desean. (p. 21).

En el presente análisis, una concepción como la expuesta anteriormente unida a la pedagogía de la elección, constituyen una posibilidad de política pública que logre dar a la educación media oficial una posición de prestigio y permitir opciones de vida para miles de jóvenes en una ciudad que necesita más emprendedores, más científicos, más analistas y más soñadores con caminos por abrir. En ese sentido, a continuación, se propone un modelo educativo que desde la base podría sugerir una política pública más cercana a la realidad.

Modelo de educación diversificada para Bogotá 2020 – 2040

El principio rector de ésta posibilidad de política pública es la *Pedagogía de la Elección* de Schwartz (1973), la cual implica una individualización de la formación y una generalización de las opciones para todos educandos desde el aprendizaje a su propio ritmo. Esta individualización debe permitir liberar una parte de los profesores que se dedicarán a actividades de refuerzo y nivelación para aquellos educandos que tengan dificultades.

A partir de éste principio rector se adhieren los siguientes aspectos fundamentales:

1. Garantizar el acceso, la permanencia y la gratuidad de la educación de los ciudadanos desde los tres hasta los veinticinco años en un 100%.
2. Generar condiciones de calidad [8]y cobertura en todos los niveles de formación

---

[8] El concepto de calidad se entiende en esta obra como la correlación entre objetivos propuestos, eficacia del proceso y obtención de resultados a partir de

3. Mejorar los ambientes de aprendizaje
4. Implementar la Jornada Única para todo el sistema oficial
5. Seleccionar docentes idóneos mediante un seguimiento eficaz de las prácticas pedagógicas y un sistema de clasificación de acuerdo a la cualificación de tales profesionales

Para ilustrar las relaciones entre el principio rector y los aspectos, se presenta el siguiente esquema:

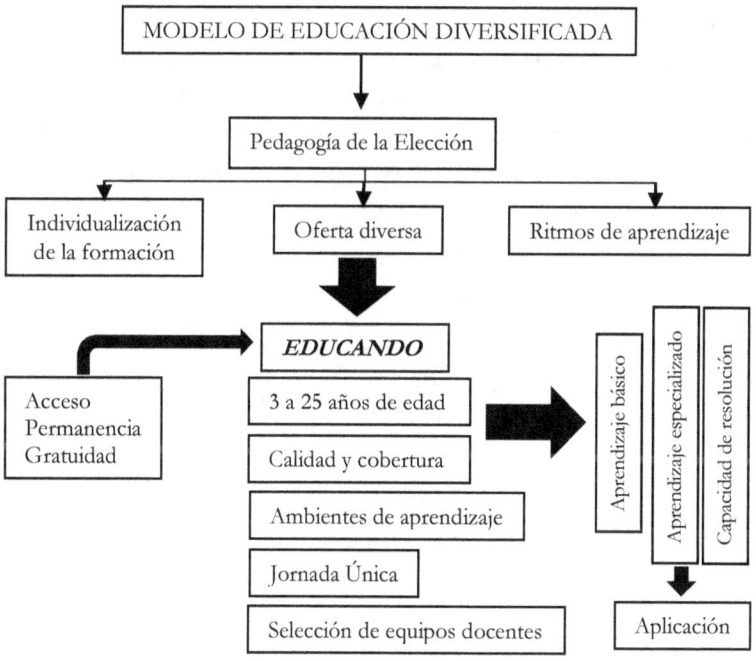

---

tales objetivos en beneficio del aprendizaje, la formación y la construcción de proyectos de vida.

Garantizar el acceso, la permanencia y la gratuidad de la educación de los ciudadanos desde los tres hasta los veinticinco años en un 100%: las experiencias de implementación de las políticas educativas han mostrado que, sí es factible la gratuidad, pese a que los medios afirmen que siempre hay falta de recursos, lo cierto es que el recaudo de impuestos en la capital es enorme y hay disponibilidad de financiación. El verdadero problema se encuentra en los índices de corrupción que hay en la administración pública y la contratación que desvía mucho dinero del erario público a manos privadas a través de sinnúmero de atajos legales, empresas ficticias y demás estrategias de dicha corrupción.

Un sistema educativo saludable para la ciudad tendría que propender por plena gratuidad a lo largo del proceso de formación de un individuo. En el largo plazo el sistema productivo obtendrá enormes beneficios al igual que la sociedad en general. Los niveles de formación estarían distribuidos así:

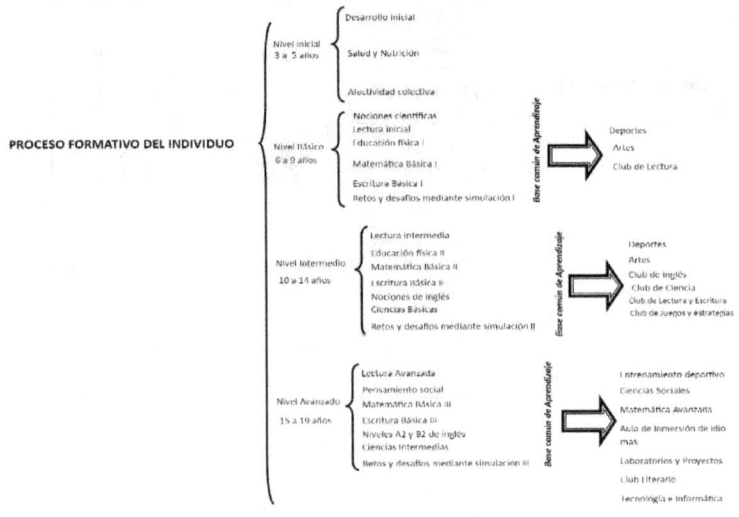

Una vez los educandos cumplan los veinte años de edad, podrán ingresar al sistema educativo superior, el cual estará distribuido en tres grandes grupos: uno de oficios, uno deportivo y uno académico, los cuales tendrán a su vez tres niveles de especialización: pregrado (*formación superior básica*), especialista (*formación superior intermedia*) y experto (*formación superior avanzada*), de esta manera cada individuo partiendo de su formación escolar tendrá las bases para continuar su avance hacia la construcción de un proyecto de vida pleno, coherente y acorde con sus intereses.

Como se observa en el esquema de la página anterior, los individuos avanzan en cada uno de los niveles a su propio ritmo apoyados por equipos docentes que orientan el aprendizaje de acuerdo a tales avances, eliminando un examen central como mecanismo de admisión universitaria, ya que a lo largo del proceso formativo cada individuo ha tenido un seguimiento por parte de sus maestros quienes aplican diversos instrumentos para establecer una valoración de cada uno de ellos. La exigencia es una constante del proceso y complejiza los aprendizajes al igual que los problemas a resolver, dejando en claro la posibilidad de identificar la vocación de los educandos, propiciando su avance y no su retroceso.

Generar condiciones de calidad y cobertura en todos los niveles de formación: la calidad y la cobertura hacen parte de la gratuidad y la permanencia de un educando en el sistema. Para ello es muy importante que cada institución educativa tenga las condiciones adecuadas desde infraestructura hasta dotación de todo tipo; es una inversión pública inaplazable; cuando se logra el punto de equilibrio en el cual el sistema funciona adecuadamente debido a las mejoras, los procesos y el alcance de los objetivos se convierten en un fin común que incentiva la participación de toda la comunidad educativa. Quizá el lema más adecuado al respecto es: *"menos formatos y más ejecución"*.

Mejorar los ambientes de aprendizaje: de acuerdo a cada nivel de formación, los ambientes de aprendizaje deben estar dotados de todo tipo de implementos, accesorios, infraestructura y capacidad docente para llevar a cabo simulación de situaciones, resolución de problemas, actividades de cooperación, actividades de enseñanza y reflexión al igual que momentos de encuentro entre todos los miembros de la comunidad. Cada espacio es susceptible de convertirse en un escenario que favorece la construcción de conocimientos y su correspondiente reflexión, ya que si se realiza todo sin la pregunta más importante ¿*Para qué sirve lo que aprendí?*, entonces no tiene sentido disponer de televisores, tabletas, dispositivos móviles, libros, guías, etc., si la gestión de ellos no busca fines, retos y desafíos.

Implementar la Jornada Única para todo el sistema oficial: la jornada única es muy necesaria e importante, más allá de la discusión en torno a cobertura y logística interna de las instituciones educativas. Es posible la rotación de estudiantes a lo largo de ocho o doce horas si el sistema se reorganiza en una disposición tipo *clúster*, donde los colegios ubicados en una UPZ realizan sus actividades en torno a un centro de aprendizaje (*tal como se había concebido en el Plan Cemdizob*), especializando el nivel de formación y no como actualmente está concebido donde estudiantes de último grado interactúa con estudiantes de cinco y siete años. Es saludable que cada nivel tenga su espacio de acuerdo a la edad (*no pensando en grados claro está*). Durante las horas de la mañana, los educandos atienden la base común de aprendizajes y por la tarde acuden a sus centros de interés, desarrollando proyectos, adquiriendo destrezas, habilidades y conocimientos específicos que le darán una guía sobre su verdadera vocación, no necesariamente en su propia institución sino en la red de colegios disponible en su zona de residencia.

Seleccionar docentes idóneos mediante un seguimiento eficaz de las prácticas pedagógicas y un sistema de clasificación de acuerdo a la cualificación de tales profesionales: este es quizá el tema que más debate genera, sin embargo, dentro del modelo propuesto aquí, la jerarquización sería la siguiente:

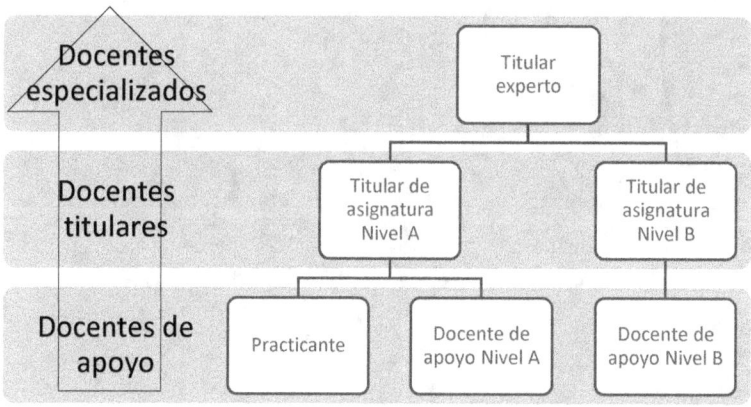

Figura 12: Jerarquización docente para educación diversificada. Fuente: elaboración del autor.

Los equipos docentes estarían conformados por un titular de asignatura (niveles [9]A o B), un docente de apoyo (niveles A o B) y un practicante. Los titulares desarrollan los procesos generales y avanzan con los educandos que presenten mayor desempeño, mientras que el docente de apoyo y el practicante trabajan con aquellos que están presentando dificultades en su avance. Por otro lado, los docentes titulares expertos son aquellos que poseen experiencia y titulación avanzada. Ellos se encargan de las asignaturas optativas y trabajan con los estudiantes avanzados para desarrollar proyectos, producción intelectual y aprendizajes complejos, su equipo estará conformado por dos titulares de asignatura Nivel B que se encargan de los estudiantes que presentan dificultades.

---

[9] Los niveles indican que el docente ha ascendido ya que ha superado la evaluación realizada por su institución educativa y es avalado por el Ministerio de Educación Nacional y la entidad territorial a la que pertenece.

CONCLUSIONES

En el presente libro se desarrollaron cuatro partes de un tema que gira en torno a dos políticas públicas que han tenido un impacto en la población escolar de la ciudad, una desarrollada entre 1980 y 2002 y la otra implementada en 2013 y sigue vigente hasta que haya nuevas disposiciones por parte de la administración distrital actual. Una vez tratados los aspectos más relevantes, se darán a conocer las conclusiones que sobre éstas se suscitaron al igual que algunas reflexiones acerca de la propuesta de un modelo de educación diversificada para las siguientes dos décadas, expuesto en la sección anterior de una manera muy general.

Primera conclusión: Bogotá al ser una ciudad que desde tiempos coloniales se constituyó en el centro del poder político de la antigua Nueva Granada, tuvo una tradición educativa relacionada con ésa condición. En la ciudad se erigieron colegios y universidades administrados por órdenes religiosas quienes han educado la élite del país a lo largo de los siglos; con excepción de la Universidad de Los Andes; las familias poderosas de la Colonia y la Era Republicana se educaron en universidades tales como El Rosario, Javeriana y Santo Tomás, de hecho, hoy en día siguen habiendo egresados de ésas *alma mater* que ocupan puestos ministeriales, gerenciales y eclesiásticos de importancia. Con el crecimiento de la ciudad y la necesidad de formar mano de obra para la naciente industria, se formularon las primeras políticas de educación que trajo consigo la primera generación de ciudadanos de estratos bajos que obtenían títulos de bachiller.

A finales de 1970, con un crecimiento urbano extendido, se viven experiencias como el Plan Cemdizob, los INEM, los CEDITs y los CEDs, que formarían la segunda generación de bachilleres de barrios populares, y, a comienzos del siglo XXI, la ciudad experimenta la llegada de los primeros alcaldes de tendencia izquierdista, quienes promueven programas a través de la implementación de políticas educativas sin precedentes en la historia de la ciudad como lo fueron la articulación, la educación media especializada y la educación media fortalecida, con las cuales se puso en evidencia la importancia de la educación para la transformación social. Pese a los bajos puntajes en las Pruebas Saber 11° y algunos problemas internos de colegios oficiales, los educandos han experimentado aulas de inmersión para aprender inglés con profesores nativos de diversos países, han cursado su primer semestre en universidades privadas de acreditación de alta calidad y han desarrollados procesos de aprendizaje en asignaturas nuevas de la EMF en una jornada ampliada. Todo ello constituye un precedente que no puede ser pasado por alto en los años que vienen.

Segunda conclusión: entre 1974 y 1980 las reflexiones realizadas por pedagogos franceses y británicos fueron tenidas en cuenta para llevar a cabo la formulación del plan Cemdizob, el cual tiene los principios del pensamiento de Bertrand Schwartz en cuanto la pedagogía de la elección y la educación media diversificada. Dicho plan es un magnífico precedente que debe ser tenido en cuenta para la formulación de modelos y políticas públicas en los próximos años.

De los colegios que hicieron parte del Cemdizob, egresaron excelentes bachilleres que continuarían su formación en las universidades públicas de la ciudad con éxito. Ello demuestra que la diversificación, la exigencia y la construcción de un imaginario colectivo de excelencia hace que los estudiantes tengan una visión del mundo más posible, sientan que la preparación y el estudio son las herramientas para triunfar, además de poseer una mentalidad de avance y adaptación a cualquier espacio. Muchos de ésos estudiantes no tenían complejo de inferioridad y no se abatían ante las dificultades, logrando carreras laureadas, mejorando visiblemente sus condiciones de vida. Prueba de lo anterior son las historias de vida de gerentes, analistas, altos ejecutivos, docentes, rectores, coordinadores académicos y de convivencia, empresarios que pasaron de difíciles entornos a residencias en zonas exclusivas de la ciudad, mansiones en Los Ángeles, Miami o Zürich.

Tercera conclusión: la EMF es la culminación de las políticas llevadas a cabo por los gobiernos de izquierda a lo largo de once años, en la cual prima el concepto de calidad y acceso a la educación superior. Pese a que se dispusieron enormes recursos para implementarla en casi todos los colegios oficiales, el índice de absorción por parte de las IES es aún muy bajo comparado con el número de bachilleres que salen cada año. La EMF no tiene una oferta formativa amplia; como si la tuvo el Cemdizob; lo cual sigue generando un creciente número de jóvenes que tardan en encontrar su vocación o bien se insertan en el mercado laboral en cargos de bajo perfil o acuden al empleo informal, dejando en claro que hace falta una política pertinente que logre satisfacer las verdaderas necesidades formativas de las comunidades donde impacta la política.

Cuarta conclusión: teniendo en cuenta las experiencias del Cemdizob y la EMF, se precisa un modelo educativo que permita una formación diversificada con plena gratuidad y capacidad de absorción de una población infantil y juvenil creciente; ya que hay comunidades con abuelas de 35 años; que debería aportar al sistema productivo eficazmente. Es un recurso humano que está desperdiciado y no encuentra su verdadera vocación, lo cual es el primer paso para construir una sociedad en paz. La exclusión y la falta de oportunidades solamente llevará al fracaso de la sociedad, por lo tanto, se requiere una inversión mayor en un sistema que forme y tenga como premisa la exigencia para alcanzar la excelencia.

Referencias bibliográficas

Alcaldía Mayor de Bogotá. (2012). *Proyecto 891, media fortalecida y mayor acceso a la educación superior. Ficha técnica básica de inversión distrital EBI-D.* Bogotá: Alcaldía Mayor de Bogotá.

Alcaldía Mayor de Bogotá. (2013). *Plan de desarrollo "Bogotá Humana" 2012 - 2016.* Bogotá: Alcaldía Mayor de Bogotá.

Chagüendo, F. (8 de Junio de 2014). Estas son las profesiones que más escasean en Colombia. *El País*, págs. 13-15.

Gómez, V., Díaz, C., & Celis, J. (2009). *El puente está quebrado: aportes a la reconstrucción de la educación media en Colombia.* Bogotá: Universidad Nacional de Colombia.

Gómez, V., Sánchez, J., Cadavid, G., & Urrego, M. (2004). *Educación media en Colombia: caracterización y propuesta propedéutica para su articulación con la Educación Superior y el mundo del trabajo.* Bogotá: Instituto Tecnológico Metropolitano.

INCOLPE. (1974). *La educación media en proceso de transformación.* Bogotá: Ministerio de Educación Nacional.

López, S. (2012). Estimación del efecto colegio en Colombia 1980 - 2009. *Estudios Gerenciales*, 49-68.

Lugo, L. (2013). *Análisis del proceso de articulación educativa como factor de cambio en la organización y la gestión.* Bogotá: Universidad Pedagógica Nacional.

Patiño, C. (2011). Apuntes para una historia de la educación en Colombia. (págs. 1-27). Cali: Escuela de comunicación social, CELYC, Universidad del Valle.

Peña, L., Torres, M., & Rodríguez, B. (2001). *Historia del Barrio Guacamayas.* Bogotá: Universidad Externado de Colombia.

Roth, A.-N. (2013). *Políticas públicas: formulación, implementación y evaluación.* Bogotá: Ediciones Aurora.

Sánchez, C., & Gutiérrez, C. (2013). *Estudios sobre educación Media en Bogotá.* Bogotá: IDEP.

Secretaría de educación del Distrito. (1998). *Seguimiento y perspectivas laborales de bachilleres: muestra de egresados de colegios oficiales y privados en Bogotá 1993 - 1997.* Bogotá: Alcaldía Mayor de Bogotá.

Secretaría de Educación Distrital. (2001). *Política Distrital de Educación Media.* Bogotá: Alcaldía Mayor de Bogotá.

Secretaría de Educación Distrital. (2007). Primera Parte: la educación del Distrito Capital durante los próximos diez años. En *El Derecho a la educación en Bogotá en la perspectiva de los desafíos de 2a generación.* (págs. 15-165). Bogotá: Alcaldía Mayor de Bogotá.

Secretaría de Educación Distrital. (2013). *Proyecto 891 - Media Fortalecida y mayor acceso a la educación superior.* Bogotá: Secretaría de Educación Distrital.

Secretaría de Educación Distrital. (2014). *Educación Media Fortalecida.* Bogotá: Alcaldía Mayor de Bogotá.

Turbay, M. (2005). Educación media en Bogotá: análisis crítico y opciones de política. *Maestría en Política Social.* Bogotá: Pontificia Universidad Javeriana.

Bibliografía recomendada

Azevedo, J. (2000). O ensino secundário na Europa. *Porto: Edições Asa*.

Azevedo, J. (2011). *Liberdade e Política Pública de Educação: ensaio sobre um novo compromisso social pela educação*. Fundação Manuel Leão.

Benavot, A., Cha, Y. K., Kamens, D., Meyer, J. W., & Wong, S. Y. (1991). Knowledge for the masses: World models and national curricula, 1920-1986. *American sociological review*, 85-100.

Benavot, A. (1983). The rise and decline of vocational education. *Sociology of education*, 63-76.

Benavot, A. (1991). El conocimiento para las masas: modelos mundiales y currícula nacionales. *Revista de Educación*, (295), 317-344.

Cárdenas, A., & Castro, B. (2009). Lineamientos para la articulación entre la educación media y la educación superior en

Cohen, A. M., & Brawer, F. B. (2003). *The American community college*. John Wiley & Sons.Bogotá. *EDUCACIÓN MEDIA FORTALECIDA*.

Featherstone, M., & de Moura, C. E. M. (1997). *O desmanche da cultura: globalização, pós-modernismo e identidade*. São Paulo: Studio Nobel.

Fernández, J. A. (2000). El descubrimiento de la educación permanente.*Educación XX1*, *3*, 21.

Grisalez, N. G. (1976). *Proyecto de extructuraciņ del servicio de orientaciņ y asesora'escolar para el Complejo de Educaciņ Media Diversificada de la Zona Sur Oriental de Bogot □ (CEMDIZOB)* (Doctoral dissertation, Universidad Pedaggica Nacional. Departamento de Educaciņ).

GUTIÉRREZ DE GONZALEZ, C., CASTRO ROBLES, Y., Álvarez Basabe, G., Durán, R., & Ospina, N. (2005). otros. Políticas y gestión educativa en Colombia y desde Colombia (1991-2004).

Herrera, L. F., & Gil Medina, I. (2010). Orientaciones y perspectivas de la educación para el trabajo y el desarrollo humano en Bogotá DC. *EDUCACION MEDIA FORTALECIDA*.

Lozano, L. (2015). Hacia Una Aproximación A La Comprensión Del Impacto Del Proyecto 891: "Educación Media Fortalecida Y Mayor Acceso A La Educación Superior" Una Muestra De 30 Colegios De Bogotá.

MAURICIO, D. D. (1997). Modernización Académica Complejo Educativo CEMDIZOB. *Bogotá, noviembre*, 88-121.

Naranjo, J. (2009). Articulación: Educación Media en proceso de transformación. *Magazín Aula Urbana*, (72), 6-9.

Oppenheimer, A. (2010). ¡Basta de historias! *La obsesión latinoamericana con el pasado y las*, *12*.

Oppenheimer, A. (2014). ¡Crear o morir! *La esperanza de América Latina y las cinco claves de la Innovación. Debate: Buenos Aires*.

Oppenheimer, A. (2013). *Cuentos Chinos: El engaño de Washington, la mentira populista y la esperanza de América Latina*. Debolsillo.

Rodríguez Rodríguez, R. A. Antecedentes y perspectivas de la educación media en Bogotá. Su relación con el desarrollo de la cultura científica.

SCHWARTZ, B. (1964). L'éducation permanente. *Esprit (1940-)*, (328 (5/6), 1136-1144.

ÍNDICE

Índice de tablas

Índice de gráficos

Índice de figuras

NOTAS

www.ingramcontent.com/pod-product-compliance
Lightning Source LLC
Chambersburg PA
CBHW070118290526
45789CB00005B/2055